VINGT ANNÉES
DE CAPTIVITÉ.

VINGT ANNÉES
DE CAPTIVITÉ,

OU

MEMOIRES D'UNE GRANDE DAME;

Par Mme. GUÉNARD-DE-MÉRÉ,

Auteur des Mémoires de la princesse de Lamballe, d'Agnès Sorel, d'Agathe d'Entragues, et autres Ouvrages.

TOME PREMIER.

PARIS,

Chez Le Rouge, Libraire, rue St.-André-des-Arts, Cour du Commerce.

1825.

VINGT ANNÉES DE CAPTIVITÉ.

CHAPITRE PREMIER.

« Graces vous soient rendues, souverain maître de l'univers ! vous avez adouci l'âme féroce de mes geôliers ; j'ai obtenu une lampe et les moyens de rendre mes pensées, qui depuis tant d'années se refoulent sur mon triste cœur. Mon huitième lustre s'écoule, et j'en ai vu passer près de quatre dans ce cachot. Frère barbare, t'es-tu assez rassasié de mes larmes ? et toi, pour qui je souffre des maux si cruels, qu'es-tu devenu ? le monstre qui nous a persécutés près de vingt ans a-t-il assouvi sur toi son horrible vengeance ? non, je ne le crois pas ; il se serait procuré la joie barbare de m'apprendre ta mort. Tu vis, mon cher Gustave, ah! puis-je en douter? n'aurais-je pas cessé d'exister si tu n'étais plus?... Mais comment n'as-tu pas trouvé le moyen de me délivrer? quoi! n'existe-t-il plus de cœurs généreux et sensibles? quoi! parmi cette foule de chevaliers, qui devraient regarder notre cause comme la leur, il ne s'en est pas trouvé un seul qui soit venu à mon secours? personne n'a porté nos plaintes aux pieds du trône de Charles.

Je me rappelle que lorsque j'existais sur la terre (car je puis bien regarder cette tour comme mon tombeau), lorsque je vivais parmi les humains, et que j'avais par mon rang et les hautes destinées de ma maison, quelque crédit à la cour de France, je n'ai jamais attendu qu'un infortuné vînt solliciter ma protection : sa recommandation, c'était son malheur, je n'en voulais point d'autre ; et dès que je savais qu'il y avait un être souffrant, je n'aurais pu me livrer à aucune distraction, à aucun plaisir, que je n'eusse fini sa misère, et personne n'a encore élevé sa voix pour me délivrer de l'horrible captivité que j'endure depuis l'âge de seize ans. Années de bonheur, de grâces, de beauté, de plaisir, qu'êtes-vous devenues ? la coupe de la plus pure volupté ne s'est-elle approchée de mes lèvres que pour rendre plus amère celle de la douleur, que je n'ai pas encore épuisée ? Mais suspendons un instant mes tristes plaintes, et tâchons de découvrir comment ce geôlier si farouche, qui n'a jamais répondu aux demandes que je lui faisais, tout à coup, sans que je lui dise un seul mot, m'apporte de la lumière et ce qui m'est nécessaire pour écrire. Serait-ce un piége qui me serait tendu? me laissera-t-on ces feuilles, ou me seront-elles enlevées et mises sous les yeux de mon tyran pour y trouver l'apparence de nouveaux crimes? Eh bien! homme impitoyable! je ne refuse pas de t'instruire de ce qui se passe dans mon âme; je veux que tu connaisses ma haine pour toi; par ce moyen, j'obtiendrai peut-être de la tienne un arrêt de mort. Ah! n'hésite pas à le prononcer, ce sera le seul bienfait que j'aurai reçu de toi.... Pardonne, ô mon Dieu! je veux mourir, quand mon coeur est en proie aux passions les plus terribles, la haine et la vengeance! et j'oserais désirer de paraître aux yeux du Juge suprême! Ah!

de tous les maux le plus cruel que m'a faits le comte de la Marche, c'est d'avoir dénaturé mon cœur, car j'étais née tendre, sensible, aimante. Te souvient-il, frère barbare, que quand je te savais au milieu des hasards des combats, je priais le ciel de te conserver; à présent, je te hais, et je désire la fin de ton existence espérant qu'elle sera celle de mes douleurs; je me flatte que ta mort briserait mes fers, qu'elle me réunirait à mon époux, et je me repais d'idées de vengeance : cependant, ces sentimens me font horreur; rends-moi la liberté, je t'en conjure, et tu verras que je sais pardonner. Non, quand j'en aurais la puissance, je n'ordonnerais pas que tu vinsses habiter cet affreux séjour; je ne priverais pas ta famille du bonheur de vivre près de toi.

Mon cher comte! ouvre les portes de ma prison, rends-moi mon époux, et laisse-moi me retirer avec lui dans le sein de la nature; souviens-toi un instant, je le répète, que je fus ta sœur, pour finir mes souffrances; je te jure que je ne chercherai point à reprendre mon rang, ni à rentrer dans mes nombreuses possessions, encore moins à les faire partager à Gustave; sans ambition, nous ne connûmes l'un et l'autre que le bonheur d'aimer : j'avais fui avec lui l'esclavage, j'aurais fui de même la cour et ses grandeurs.

Tu n'as voulu te souvenir que tu étais mon frère, le chef de notre branche, que pour m'ensevelir vivante! qu'avais-tu à redouter du seigneur Descroix? il te prouvait assez qu'il n'avait nul projet ambitieux, puisque nous nous étions retirés dans un vieux castel, au fond du Béarn. Là, j'aurais vu couler mes jours dans l'obscurité, et je n'aurais point connu la haine; loin de toi, j'aurais élevé mes mains vers le ciel pour ta conservation; mes enfans eussent appris de moi à faire des vœux pour ton bonheur; mais tu n'as pas voulu que je devinsse mère, et ne pouvant empêcher que je fusse épouse, tu as fait écouler les belles années de ma jeunesse dans les larmes.

Mais, réponds-moi, qu'as-tu fait de Gustave? a-t-il été instruit de mon sort? a-t-il aussi perdu la liberté? à cette pensée, mes idées se troublent, je ne peux plus... écrire... ah! toutes mes facultés sont anéanties! vingt ans sans voir le soleil, sans entendre le chant des oiseaux, sans avoir vu les arbres se couronner de feuilles nouvelles! une faible lueur pénètre ici pendant quelques heures de la journée; et lorsque le plus pauvre habitant de la campagne jouit du ravissant spectacle du lever du soleil, la petite-fille de St.-Louis n'aperçoit pas ses rayons bienfaisans. O toi, qui fus la gloire de notre race, toi que tes vertus ont placé dans le séjour céleste, peux-tu voir sans quelque compassion, la fille d'un Bourbon languir depuis si long-temps dans les fers? tu portas aussi ceux des barbares; mais combien est-il plus cruel de ne devoir ses malheurs qu'à ceux dont on devait attendre amour et protection!

Non, mon père ne m'eût point condamnée à l'affreux supplice que j'endure, lui qui vengea la beauté victime d'un monstre; non, celui qui renversa de son trône sanglant le bourreau de Blanche, n'eût pas traité sa parente avec cet excès de cruauté ; il eût plaint mon erreur et ne l'eût pas considérée comme un crime : la mort de ce sage roi, celle des auteurs de mes jours, ont fait toutes mes infortunes. Abandonnée si jeune aux soins d'une femme intrigante et ambitieuse, j'ai été le jouet de ses passions ; c'était elle qu'il fallait punir ; non, je ne l'aurais pas voulu, c'est la mère de Gustave ; ah ! sans elle, me resterait-il des souvenirs si délicieux ? et je ne crois pas avoir acheté trop cher ces momens de félicité, qui ne peuvent être appréciés que par des cœurs qu'un sentiment sublime embrâse. Oui, mon frère, je brave tes rigueurs ; la vivacité de mon imagination me transporte hors de ces tristes murailles ; je revois les champs fortunés qu'arrose la Garonne, ces bosquets fleuris que je parcourais avec Gustave; je crois sentir la douce pression de son bras, qui rapproche le mien de son cœur dont l'amour précipite les battemens; je me penche sur son épaule, mes yeux s'enivrent du feu de ses regards; j'approche mes lèvres, les siennes s'entr'ouvrent; je sens encore l'impression de ses douces caresses.... Frémis, homme cruel! ta vengeance n'est pas satisfaite, tu n'as pu m'arracher mes souvenirs....

Mais quelle est mon imprudence! si ces feuilles sont remises au comte de la Marche; eh bien! qu'y verra-t-il? que si l'amour fut mon crime à ses yeux, sa vivacité doit être mon excuse; si vingt années n'ont pu détruire une passion aussi brûlante, doit-il être étonné que j'aie bravé les préjugés pour la satisfaire; oui, je l'avoue sans rougir, parce que ma vertu n'a jamais reçu la moindre atteinte, j'ai pu manquer aux lois de convention; la fille des rois ne devait pas épouser un simple chevalier; mais ces mêmes rois, quelle fut leur origine? leurs pères, ainsi que ceux de Gustave, furent d'intrépides guerriers, et mon mariage avec le seigneur Descroix, un siècle avant Hugues Capet, n'aurait eu rien de condamnable, car alors nous eussions été égaux. Depuis quand l'amour connaît-il les rangs? ah! si le ciel, loin de m'accabler, voulait enfin me rendre, non ma fortune et les droits d'une naissance illustre, mais au moins la faculté que doit avoir toute créature humaine, de jouir de la liberté; s'il me réunissait à Gustave, et qu'aussi constant que son amante, il m'eût gardé la foi jurée au pied des autels, je m'estimerais heureuse de passer ma vie près de lui, et j'aimerais mieux porter son nom que celui du plus puissant monarque de la terre.

J'aurais aussi une cour nombreuse; je réunirais près de moi les infortunés, j'essuierais leurs larmes, je soulagerais leur douleur, j'instruirais leurs enfans, je marierais les jeunes filles; ah! une simple châtelaine peut faire tant de bien!... Mais où m'égaré-je? pauvre Marie! il n'y a pour toi que des fers, et ta mort seule les brisera; alors ton âme planera dans l'espace ; elle y cherchera celui qu'elle a tant aimé.... Oui, je demanderais à Dieu de nous réunir dans ces demeures célestes, où l'on ne craint plus les injustices des hommes. Mais, quoi! tant de pensées encore, et ma main se fatigue à les tracer : l'esprit est toujours plus ardent que les instrumens que Dieu lui a donnés pour fixer ses conceptions..... Reposons-nous quelques heures ; mais avant de me livrer au sommeil, prenons garde que ma lampe ne s'éteigne.... ah! elle a encore bien des heures à brûler. Demain, je relirai ce que j'ai écrit.... et j'écrirai encore.... mais pour qui? n'importe, je sens que cette occupation me sera bien précieuse, et je rends grâce à celui qui daigna me donner les moyens de m'y livrer. »

L'infortunée posa sa plume, et après avoir pris son frugal repas, elle se coucha, non sur les fastueux carreaux où s'endorment les filles des Rois, mais sur une simple natte, seul lit que son tyran permettait qu'on lui donnât.

CHAPITRE II.

Depuis que Marie de Bourbon, fille du comte de la Marche, était enfermée dans une tour du château de Cornette, près d'Alby, elle avait perdu l'usage du sommeil; le défaut d'air et d'exercice, ses douloureuses pensées enflammaient son sang, et elle ne retrouva pas même dans sa prison quelque allégement à ses douleurs en les oubliant dans les bras de Morphée. Qui n'a pas éprouvé le supplice de l'insomnie! qui ne sait qu'elle double les chagrins dont on est dévoré! que la même pensée affligeante se représente alors sous toutes les faces qui peuvent la rendre plus cruelle! Le silence de la nuit, l'obscurité qui porte avec elle des idées superstitieuses, tout concourt à jeter l'âme dans un trouble, qui fait désirer le retour du soleil. Mais Marie n'a pas le même vœu à former; à peine le jour qui pénètre dans son cachot suffit-il pour éclairer les objets qu'il renferme : ainsi rien ne peut changer le cours de ses réflexions; le jour et la nuit, le printemps et l'hiver, la solitude absolue ou la présence de son geôlier ne changent jamais son sort. Elle ne voit jamais qu'une fenêtre prise dans l'épaisse muraille de la tour, à trente pieds au-dessus du sol, devant laquelle se trouve une grille si serrée, qu'elle intercepte encore le peu de jour et d'air qu'elle pourrait donner dans la tour, et empêche que quelques oiseaux y venant chercher un abri, y fassent leurs nids, et donnent à Marie quelques momens de distraction par les soins qu'ils prendraient de leur famille. Non, il ne peut pénétrer dans cet affreux cachot que l'hideuse araignée et sa proie. Quelquefois la princesse voyait dans les rets que cet insecte tend au faible moucheron, l'image des pièges que le méchant prépare à l'innocence, et elle s'occupait souvent à déchirer les toiles que l'ennemie de l'insecte ailé lui avait tendues; et lorsqu'elle le voyait passer au travers des grilles et regagner les champs, elle s'écriait : « Il » est libre, c'est à moi qu'il le doit! » Mais moi, qui déchirera les rêts où » un frère perfide me retient ? » Et elle retombait abîmée dans sa douleur. Mais revenons aux meubles qu'on lui avait donnés comme une grâce.

Nous avons dit qu'une natte de jonc composait le lit où il lui était permis d'attendre le sommeil; une couverture de laine, à laquelle on n'ajoutait rien par les froids les plus rigoureux : une pierre élevait sa tête. Près de cette triste couche était un banc de bois appuyé contre le mur; pour table, un billot dont la vue donnait quelquefois à Marie des idées funèbres, car elle croyait, malgré l'obscurité, y distinguer des traces de sang; et lorsqu'elle eut de la lumière, elle vit qu'elle ne s'était pas trompée. Au chevet de son lit était l'image de celui qui souffrit pour rendre nos souffrances utiles. Une cruche dont on renouvelait l'eau chaque jour; une tasse de vermeil, seul objet de luxe qu'on lui eût donné; du pain blanc, dont on ne la laissait pas manquer, et chaque jour à midi précis un dîner servi en vaisselle d'argent, et dont les mets, bien apprêtés, étaient plus que suffisans pour satisfaire les besoins d'une femme délicate et qui mangeait très-peu.

Ce repas lui était apporté chaque jour par son geôlier, qui avait ordre de ne jamais lui parler, encore moins de répondre aux questions qu'elle lui faisait. Il restait tout le temps de son dîner, et veillait avec soin pour qu'elle ne fît point usage de son couteau ni de sa fourchette pour se faire aucun mal. Quand elle cessait de manger, il remettait tout dans la corbeille qui avait servi à apporter les plats, et il se retirait.

Elle ne manqua jamais de vêtemens et de linge, qui sont indispensables pour ne souffrir ni du froid ni du manque de propreté, sans laquelle la vie est un supplice affreux.

Il faut observer que tous les jours elle demandait à son geôlier des nouvelles du seigneur Descroix, et ce qui lui était nécessaire pour écrire. On ne répondait point à sa question, et depuis vingt ans on n'avait point fait droit à sa demande.

Pendant ce long espace elle n'avait eu d'autre ressource que celle de composer des chansons en langue romane, qui peignaient ses douleurs, ses désirs, ses espérances : elle ne les écrivit point, mais elle les retenait dans sa mémoire à mesure qu'elle les composait. Lorsqu'elle se vit en possession d'une plume pour tracer les différens événemens de sa vie, elle négligea de conserver les stances qui ne peignaient que ses sentimens. Depuis elle ne chanta plus, mais elle écrivit, et passa peu de jours sans se livrer à une occupation qu'elle avait tant désirée, et qu'elle imaginait devoir lui être utile pour briser ses fers.

CHAPITRE III.

« J'ai dormi plusieurs heures ; l'huile de ma lampe est presqu'entièrement consumée ; hâtons-nous d'en remettre : les Vestales ne prenaient pas plus de soin du feu sacré, que j'en mettrai à conserver cette précieuse lumière. L'homme n'est point né pour les ténèbres. La plus grande félicité qui lui est promise est d'être plongé dans un océan de lumières. La lumière est à l'œil ce que la vérité est à l'âme. Elles portent l'une et l'autre avec elle une joie réelle. De la joie, comment ce mot m'est-il échappé ; de la joie, en est-il pour la fille des Rois, prisonnière dans une tour, où l'on n'entretient son existence que pour prolonger son malheur ? En est-il pour l'épouse infortunée séparée pour jamais d'un époux adoré, qui a vu flétrir ses charmes, qui a perdu tous moyens de plaire, et qui, grace à son tyran, ne peut plus espérer que d'inspirer à celui qu'elle adore encore, que le triste sentiment de la pitié ? Que sont devenues ces tresses blondes que mon Gustave trouvait si belles; cette lumière que je desirais tant m'a fait voir qu'elles ont blanchi avant le terme de la vieillesse. Quels charmes peuvent résister aux maux inséparables de l'ennui, pire peut-être que la douleur ? car il ôte l'énergie que des souffrances vives accroissent : quel effet ne doit pas produire dans toute mon existence, le manque d'air, d'exercice ? Mes membres sont engourdis ; vingt pas au plus suffisent pour traverser la largeur de la tour ; et comme elle est parfaitement quarrée, je n'ai pas plus à espérer d'un côté que l'autre d'étendre ma course. Et j'avais seize ans quand j'ai été réduite à ces privations : mais que sont-elles en comparaison de celles que mon cœur éprouve? Gustave, mon cher Gustave, viens partager ma prison, et elle sera plus belle à mes yeux qu'un palais. Moi vouloir que celui que j'aime éprouve les mêmes privations que moi! qu'il ne respire plus l'air embaumé du bocage; qu'il n'entende que le bruit des verroux! Non, non, Gustave, reste sur la scène du monde; et si la couronne de l'hymen que l'amour t'offrit ne pare plus ton front, si ses fleurs sont fanées par le temps, que l'immortelle laurier le remplace. Marche sur les pas de Duguesclin, sois comme lui le soutien de la bonne cause; que je te revoie un jour comblé d'honneurs et de gloire! Avec quelle tendre vénération je baiserais les nobles cicatrices qui attesteraient les périls où l'amour de ton pays t'aurait exposé! Je le sens, Gustave; mon âme identifiée avec la tienne te suit partout où le destin t'appelle, et s'associe à tes triomphes.... Mais quelle sinistre pensée vient troubler ces douces illusions? Gustave, tu es de mon âge, et à peine avais-tu vu quatre printemps quand je reçus le triste présent de la vie : tu n'avais pas vingt ans lorsque nous fûmes séparés. Je n'ai pas besoin de te dire que tu étais un des plus beaux parmi les jeunes gens de ton âge; mon amour, mes transports ne te l'ont que trop appris. Mais n'auras-tu donc pas été remarqué par d'autres jeunes personnes que par moi? Aucune ne t'aura aimé comme je t'aimais, hélas! comme je t'aime encore, quoiqu'à mon âge on ose à peine prononcer le nom d'amour. Si tu avais trouvé parmi ces beautés, bien supérieures peut-être à moi par leurs charmes, un nouvel objet d'attachement; si ignorant le sort que mon frère m'a préparé, tu eusses pensé que la mort avait rompu les liens qui nous unissaient; si tu avais osé en former d'autres! Si je ne rentrais dans le monde que pour apprendre le triomphe d'une rivale : si tu avais osé la nommer ton épouse! Si des enfans.... Ah! fuis loin de moi; dérobe à ma fureur jalouse celle que tu aurais, malgré mes sermens, osé nommer ta compagne. Ne me présente pas tes enfans. Qui sait jusqu'où le désespoir peut me conduire! Ah! ciel! éloigne de moi de pareilles horreurs : je sais que ma main punirait sur moi les attentats que la jalousie me ferait commettre; mais je n'en serais que plus coupable, car je me fermerais pour toujours tout recours à la miséricorde divine. Gustave, écoute-moi : n'est-il pas vrai que tu m'aimes encore? que tu m'es resté fidèle? que tu portes encore mes couleurs? que mon chiffre est uni avec le tien sur ton bouclier, comme il l'était lorsqu'un frère barbare nous sépara? Si mon amour a résisté à une affreuse captivité, à tous les maux qu'elle entraîne, pourquoi le tien se serait-il éteint? Je te vois toujours beau, jeune, aimable, pourquoi ne serais-je pas de même à tes yeux? Fuyez loin de moi, soupçons injurieux à celui que j'adore. Puisse le ciel, si je devais acquérir la triste certitude que tu fus volage, me faire périr de la mort la plus cruelle, avant que de savoir que Gustave ne m'aime plus !...

Mon geôlier n'est point encore venu ; je ne puis savoir si on n'enlèvera pas ces feuilles où je laisse courir ma plume au gré d'une imagination trop long-temps captive. Si la peinture des tourmens de mon âme intéressait celui qui m'a procuré les moyens de les tracer, peut-être verrais-je abaisser devant moi la barrière qui me sépare de la société ; mais on y trouvera peut-être de nouveaux sujets de me persécuter... Que peut-on m'ôter ? enlèvera-t-on la natte que j'ai si souvent trempée de mes larmes ? me forcera-t-on à m'étendre sur le plancher ? la différence ne serait pas bien sensible ; fera-t-on disparaître ce banc sur lequel je cherche en vain une situation commode? ce billot! ah! je veux prier que l'on m'en délivre; car depuis que la lampe m'a fait voir sans aucun doute, à quel usage il a servi autrefois, je ne puis porter les yeux sur lui sans horreur; il sera temps de le replacer ici lorsque le comte de la Marche voudra que j'y pose ma tête....

L'homme met toute sa félicité dans la possession, il ne sait pas qu'il n'est vraiment libre qu'autant qu'il n'a plus rien qui l'attache. Le comte de la Marche est plus malheureux que moi, car il peut perdre ses biens, ses honneurs, les objets de luxe qui l'environnent, la liberté enfin. Moi, je ne possède plus rien, pas même l'air pur que la nature donne à tous ses enfans; que puis-je craindre? rien que la mort, et la mort, pour le juste, est la fin de tous les maux, le commencement d'une félicité parfaite. Que ces idées sont consolantes ; grand Dieu ! toi seul me les inspires.... Mais j'entends des pas qui approchent de la tour ; on vient : dérobons aux regards indiscrets ces fragmens que je tiens tant à conserver. »

Marie cacha ces feuilles sous sa natte, s'assit sur le banc, et attendit, non sans un grand saisissement de cœur, le geôlier ; ce qui dut lui prouver qu'elle n'était pas encore si détachée des objets extérieurs qu'elle le croyait. La porte s'ouvre ; mais au lieu de ne voir, comme de coutume, que son farouche gardien, il est suivi de plusieurs valets, qui apportent les choses nécessaires pour être commodément logé. Un lit excellent, dont les couvertures sont de drap écarlate, galonné d'or, des fauteuils, une bibliothèque portative, remplie de très-bons livres reliés en velours bleu et orné de fleurs de lis; un cabinet de la Chine, un bureau : tout cela fut placé dans la tour; une aiguière d'argent fit disparaître le vase de terre qui servait depuis si long-temps à la princesse. « Qui peut, dit-elle, améliorer ainsi ma situation? » point de réponse; mais quand elle vit qu'on allait lever la natte pour poser son lit, elle se crut perdue; elle se rassura bientôt, car on ne parut point faire la moindre attention à ses feuilles, qu'elle regardait comme très-précieuses; elle les releva et les mit dans son bureau : les valets se retirèrent; le geôlier la servit comme de coutume, et le repas fini, il partit et referma la porte.

CHAPITRE IV.

« Depuis quatre jours je n'ai rien écrit, et ainsi de nouvelles jouissances sont venues me distraire de celles qui auraient dû remplir mes journées ; mais comment aurais-je pu y résister en lisant les lettres de ces amans infortunés dont les malheurs ont tant de rapport aux miens? tous deux ils s'aimèrent et furent séparés : quel mal fait donc l'amour, pour trouver partout des persécuteurs? Quoi! ce sentiment qui est l'âme de la nature, dont tous les êtres animés ressentent les atteintes, et que l'homme seul a su ennoblir par le prestige de l'imagination, en l'unissant à la vertu dont il est la récompense, il faut qu'il soit proscrit, puni, comme un crime, dès que les tristes conventions de la société s'opposent à l'union de deux êtres que la nature semble avoir formés l'un pour l'autre. J'ai retrouvé dans les pensées d'Héloïse mes propres pensées ; non que j'approuve les subtilités de sentiment, qui blessent les mœurs, bravent les lois, et font du plus doux sentiment une source de douleurs ; car tout ce qui trouble l'ordre moral ne peut rendre vraiment heureux ; mais si je blâme Héloïse comme amante, d'un autre côté, j'admire la beauté de son génie, cette richesse d'expressions qui tient à la grandeur de sa passion ; la mienne fut aussi immodérée et mes malheurs plus cruels. Oublions-les un instant pour chercher, en rapprochant les circonstances, quel peut être celui qui me donne des preuves si touchantes de bienveillance; il doit joindre à une âme tendre, compâtissante, le moyen de m'en faire sentir les effets.

Quoi! pendant vingt ans j'ai été réduite à tous les maux d'une captivité dont la longueur semblait n'avoir pas épuisé la cruauté de mon tyran; car il y joignait des privations journalières et presqu'insupportables pour celle qui est née près du trône : tout à coup je n'ai plus à me plaindre que de la perte de ma liberté, encore cette peine est-elle adoucie par des jouissances qui me rappellent le temps de ma brillante destinée, des meubles somptueux, des parures; ce qui me ferait croire que c'est une femme qui s'occupe de mon sort; car il n'est qu'une personne de mon sexe qui puisse imaginer que le désir de plaire n'abandonne point celle qui a passé la première jeunesse, et qui, seule dans la nature, est privée de l'objet sur lequel elle pourrait exercer le pouvoir qui s'augmente par une parure recherchée. A quoi me servent ces vains ornemens? et pourquoi, cependant, n'ai-je point dédaigné de m'en revêtir? ah! c'est encore une de ces illusions de l'amour. Combien de fois, quand j'étais jeune, me suis-je dit : si Gustave pénétrait tout à coup dans cette tour, combien je serais fâchée qu'il me trouvât sous la livrée de la classe la plus inférieure de la société. Eh bien! voilà pourquoi je ne rejette pas les dons de l'être mystérieux qui me tend une main secourable; je me dis aussi : si Gustave arrivait;.... je fais plus, j'ajoute : si c'était à lui que je dusse ces soins aimables, ne serait-il pas offensé que je n'en n'eusse point fait usage? je répare autant qu'il m'est possible les outrages du temps, et jetant les yeux sur mon image qu'un miroir me représente, je me trouve moins changée, moins vieille que je ne devrais l'être. Ah! cher Gustave! puisses-tu éprouver encore quelqu'illusion quand le ciel nous réunira! nous réunira!... puis-je en conserver l'espérance! et qui m'empêcherait de l'avoir? Quatre lustres se sont écoulés, il est vrai, sans que rien changeât autour de moi, pas même mon farouche gardien; c'est toujours cet homme impitoyable, dont j'ignore le nom, qui pénètre dans mon cachot; quand j'y suis descendue, il était vieux, le temps n'a rien ajouté à la disgrâce de ses traits; sa barbe, ses cheveux n'ont pas blanchi, sa figure aurait été alors moins farouche. Je n'ai jamais entendu le son de sa voix, pas même depuis qu'il est devenu le confident de l'être qui me protège; si je n'avais pas la certitude qu'il entend, je le croirais muet. Ah ! que la première voix humaine que j'entendrai résonnera délicieusement à mon oreille; le silence des tombeaux n'est pas plus absolu que celui qui règne ici; depuis que le barbare m'y a fait traîner, je n'ai jamais entendu d'autre bruit que celui des verroux, je n'ai entendu d'autres paroles que celles que je profère à haute voix, pour ne pas perdre l'habitude d'entendre.

Je veux parler aujourd'hui à mon gardien; je veux qu'il me dise à qui je dois tant de bien; je louerai son courage de s'exposer ainsi pour moi; la louange séduit dans toutes les conditions; oui, je veux l'employer avec lui; je lui parlerai de ma reconnaissance, de ce que je pourrais faire un jour pour lui, s'il me nomme mon bienfaiteur; s'il me réunissait à lui, sa fortune serait à jamais assurée; mais n'ai-je pas tenté mille fois le même moyen? et qu'ai-je gagné à m'abaisser à la prière avec cet être dépourvu de toute sensibilité? quelle réponse en ai-je obtenu? aucune; mais alors il me croyait isolée, perdue, abîmée dans le néant; aujourd'hui, peut-il douter que j'inspire un véritable intérêt à un être puissant, qui ne peut qu'être reconnaissant de ce que l'on fera pour adoucir son sort. »

Ce que l'illustre prisonnière avait résolu, elle ne tarda pas à le mettre à exécution : l'heure de son repas approchait; elle entendit la voûte de l'escalier retentir des pas pesans de son geôlier. L'énorme clef qui ouvre la porte de sa prison, tourne dans la serrure, on tire les verroux; à peine le gardien farouche a-t-il posé la corbeille qui renferme et le dîner de la princesse et son couvert, qu'elle s'avance vers lui, prend ses mains noires et calleuses, les presse dans les siennes, et avec le son de voix le plus enchanteur, lui adresse ces paroles : « Quoi ! vous ne m'apprendrez point le nom de celui à qui je dois tant de bien ! vous ne me donnerez pas la satisfaction de lui témoigner ma vive reconnaissance ! est-ce un être de mon sexe qui prend à moi tant d'intérêt ? ou serait-ce un parent, un ami, mon époux, peut-être ? répondez, je vous en conjure. » Mais en vain elle joignait à ses paroles un regard qui avait une telle expression, que cet homme fut forcé de détourner les yeux pour se soustraire à la séduction. « Eh bien ! reprenez ces inutiles apprêts; je suis résolue à ne prendre aucune nourriture que vous ne m'ayez répondu.»

Le silencieux personnage, sans paraître mettre aucune attention aux discours de la princesse, étala, selon sa coutume, les mets sur la table, resta un quart d'heure les bras croisés sur sa poitrine, sans proférer une parole, quoique la princesse continuât à le supplier de lui répondre. Fatigué de l'effort qu'il se faisait pour garder son secret, et craignant de succomber, il se hâta de sortir, sans remettre, comme à l'ordinaire, le service dans la corbeille; il laissa tout et se retira.

Marie persista dans sa résolution; elle ne mangea pas une bouchée : quelle pouvait être son intention?

avait-elle résolu de terminer sa captivité en cessant de vivre? ou se flattait-elle seulement que le geôlier, effrayé de sa responsabilité, s'il laissait mourir de faim une prisonnière confiée à ses soins, s'empresserait d'instruire le comte des dangers où elle s'exposait volontairement, et qu'alors on lui permettrait de parler? Ce motif s'accordait mieux avec la haute piété de la princesse ; car comment présumer qu'après vingt ans de résignation, elle en manquât tout à coup, et commît un crime en se laissant mourir volontairement? Enfin, quelle que fût la raison qu'elle eût pour se conduire ainsi, elle persévéra dans la résolution constante de ne prendre quoi que ce soit. Deux jours s'écoulèrent et le geôlier trouvait toujours le repas entier; il n'en parlait pas davantage, le desservait, en mettait un autre en place et sortait. Le troisième jour n'apporta aucun changement dans la résolution de la princesse ; l'agent de son persécuteur n'en devint pas plus communicatif, et Marie, désespérée de ne pouvoir le fléchir, et croyant que bientôt elle ne serait plus en état de consigner ses dernières pensées, tant ce long jeûne l'affaiblissait, prit sa plume, persuadée que c'est la dernière fois qu'elle s'en servira, et traça avec peine ce qui suit.

CHAPITRE V.

« Homme barbare! il faut donc que je meure, pour te prouver la fermeté de ma résolution? ce ne sera que lorsque tu trouveras ma dépouille glacée, que tu instruiras ton impitoyable maître de l'effet qu'aura produit mon désespoir.... Mais pourquoi laisser éteindre le flambeau de mes jours, lorsqu'il ne tient qu'à moi de le ranimer? quelques bouchées de pain suffiraient pour ne pas mourir.... Revenir sur mes pas, paraître incapable de résolution; non, mon orgueil ne peut le supporter; d'ailleurs il est peut-être trop tard à présent; je ne ferais que prolonger mes souffrances, sans recouvrer le principe de vie qui s'affaiblit en moi d'instant en instant...»

Elle pose sa plume, et par un mouvement machinal, elle est prête à saisir un fruit dont la beauté l'invite à satisfaire la faim qui la dévore; alors, le délire de la fièvre, que ce jeûne prolongé lui cause, trouble sa raison; elle ne voit que le moment présent; l'avenir, cet avenir, qui sera le présent éternel, s'éloigne de sa pensée, elle écrit : « Mourons : il y a vingt ans que j'aurais dû prendre cette résolution.... » Mais tout à coup Gustave lui semble présent.... « Quel instant ai-je choisi pour me livrer à ce noir dessein ! celui où il semble que la Providence veut finir mes douleurs, où un être sensible a déjà donné des ordres pour me rendre toutes les jouissances, excepté la liberté; mais pourquoi son nom ne peut-il parvenir jusqu'à moi ?... pourquoi, s'il est assez puissant pour commander ici, pourquoi ne me fait-il pas ouvrir les portes ? que ne vient-il au moins s'informer du sujet que mon frère croit avoir de me retenir prisonnière ? ah ! qu'il vienne tandis qu'il me reste encore assez de forces pour lui prouver que je n'ai point mérité le traitement dont je suis accablée !... Mon Dieu, que je souffre ! et-loin de pouvoir offrir à l'auteur de mon être les douleurs qui me conduisent au tombeau, je l'offense en voulant, contre son ordre, exposer ma vie.... Dieu ! quel déchirement j'éprouve !... J'ai six fois renversé le sable qui mesure le temps; encore une fois, encore une fois, et l'heure où mon gardien doit venir sera proche ; peut-être sera-t-il touché de l'état où son cruel entêtement m'a réduite. Voilà trente-six heures que je n'ai pu dormir ; si un instant le sommeil venait rafraîchir mes paupières;... elles s'appesantissent;... est-ce la mort qui s'approche, ou n'en est-ce que l'image ? Je ne distingue plus les objets; je ne puis plus lire les caractères que je trace,... la plume échappe à ma main défaillante.... Je me meurs. » Elle prononça ces mots d'une voix presqu'éteinte; sa tête se pencha sur son sein, ses yeux se fermèrent; elle ne paraissait plus qu'une belle statue d'albâtre.

On ne sait combien cet évanouissement dura : quand le geôlier entra et qu'il la vit dans cet état, il crut qu'elle n'était plus; il fut saisi de crainte, et laissant là ce qu'il apportait, il sort en refermant la porte, sans que le bruit des gonds aille jusqu'à l'oreille de la victime du comte. Peu de minutes après, il revient, guidant les pas d'un vieillard vénérable. A la gravité de son maintien, à la couleur de son habillement, il n'y a aucun doute que c'est un religieux de l'ordre de St.-Benoît. « La voilà, dit le porte-clefs, elle est morte, et je suis un homme perdu! — Il est possible, mon ami, lui répond le vieillard, qu'elle ne soit qu'évanouie. » Puis, s'approchant de la princesse, il prend son bras qui était froid comme le marbre. « Hélas! je crains bien qu'il soit trop tard; mais, si elle existe, elle a besoin de soins que ni vous ni moi ne pouvons lui donner. Allez chercher votre femme; pendant ce temps, je vais prier celui qui tient en ses mains le fil de nos jours, de conserver en elle la faible étincelle qui y reste peut-être encore. »

Le geôlier enferme l'aumônier du

château avec sa prisonnière, et va chercher Mathurine. Le père Sostène se met à genoux et prie Dieu avec ferveur de rendre la vie à celle qu'il ne connaît pas, pour qu'elle puisse se repentir d'avoir voulu la quitter sans son ordre. Tergaste revient avec sa femme, qu'il avait eu grand'peine à déterminer à venir ; elle avait la peur la plus insensée des morts, et l'idée qu'elle allait voir un cadavre la faisait frémir. Elle entra donc, conduite par son mari, et se cachant les yeux pour ne pas voir ce qu'elle croyait devoir être effroyable. Le père Sostène se lève et lui dit : « Ne craignez pas, Mathurine, son aspect n'a rien qui puisse causer de la terreur, et d'ailleurs, je crois qu'elle existe encore. Nous allons nous retirer ; vous lui ôterez les vêtemens qui gênent à la respiration, puis vous la mettrez dans son lit, et nous essaierons de lui faire prendre de cet élixir que j'ai apporté. — Essayez tant que vous voudrez, moi, je ne veux pas toucher une morte. — Mais, si elle l'est, que pouvez-vous craindre? si elle ne l'est pas, la laisserez-vous mourir, faute des soins que vous pouvez lui donner, et que mon état et le sexe de votre mari nous empêchent de lui rendre? — Allons donc, Mathurine, reprit Tergaste, ouvre les yeux, tu verras qu'elle est encore belle, et m'est avis qu'elle respire tant soit peu. » Et prenant la main de Mathurine, il la posa sur le sein de la princesse; Mathurine ouvre les yeux : « Eh! non, elle n'est pas morte, son cœur bat; aidez-moi à la porter sur son lit, nous couperons les lacets et elle reviendra. Ah! quel dommage ce serait de laisser mourir une aussi belle créature! » Sostène s'était éloigné par décence, et s'occupait à préparer une potion, qu'il désirait faire prendre à la mourante quand elle serait délacée et mise dans son lit; mais ses dents étaient tellement serrées, que ce ne fut pas sans peine qu'on parvint à faire pénétrer quelques gouttes d'élixir qui ranimèrent la princesse; elle ouvrit les yeux et aperçut Mathurine, qui lui soutenait la tête et se penchait pour voir l'effet de la potion. « Ciel! s'écria Marie, est-ce un songe? une femme! par quel bonheur a-t-elle pénétré ici? Ah! qui que vous soyez, vous serez ma sœur, mon amie; et vous, mon révérend père, s'adressant au père Sostène, qui vous a amené vers moi? — La religion. — Vous me répondez, mon père! ah! vous ne savez pas l'effet que produit sur moi le timbre de votre voix ; non, vous ne pouvez en avoir d'idée ; vous n'avez pas été vingt ans sans entendre une seule parole. Et vous, femme sensible, ne parlez-vous pas aussi ? » Mathurine leva ses grands yeux bleus sur son farouche époux, comme pour lui demander la permission de parler : un signe de tête ayant délié la langue de la bonne Mathurine, elle répondit : « Eh ! oui, madame, je parle ; autant vaudrait mourir que de se taire. Je parle, et je vous dirai qu'il y a vingt ans, si ce bourru me l'eût permis, je serais venu vous voir, vous parler et vous servir avec zèle. Je vous avais vu arriver dans ce triste château ; vous m'aviez paru si belle, si bonne, que je dis à monseigneur le comte, qui y était venu vous y attendre, que c'était bien mal d'enfermer ainsi une aussi aimable princesse : Si vous saviez, reprit-il, les crimes qu'elle a commis et tous ceux qu'elle voulait commettre, vous ne la plaindriez pas. Je ne répliquai rien, mais je dis seulement à Tergaste : sauf le respect que je dois à monseigneur, il en a menti ; car l'âme d'un démon n'habite pas le corps d'un ange. » La princesse entendait à peine tout ce que Mathurine lui disait, tant elle était faible. « Allons, en voilà assez, reprit son mari ; entends-tu ce que te dit le père Sostène, qu'il faut promptement apporter un bouillon à la princesse. » Mathurine courut remplir les ordres de son mari, à qui il ne fallait pas raisonner. Le bouillon était prêt ; le père Sostène en fit boire deux cuillerées à la malade, avec la même quantité de vin de Chypre, ce qui lui rendit la parfaite connaissance de son état; elle vit distinctement tout ce qui l'entourait, et s'adressant au religieux, elle lui demanda encore, « comment elle avait mérité du ciel l'insigne faveur de le trouver sensible à ses malheurs? — Par la résignation que vous avez mise jusqu'à ce jour à les supporter; aussi Dieu n'a pas voulu qu'un instant de désespoir vous enlevât la couronne qu'il vous destine. — Hélas! mon père, il est vrai que je dois vous paraître coupable; mais celui qui juge les intentions, sait bien que la mienne n'était pas de me donner la mort, mais de vaincre l'obstination de cet homme (en montrant Tergaste) par la crainte de voir expirer la victime du comte de la Marche, qui était bien capable, après avoir été la cause première de ma mort, de faire punir son complice; l'épreuve a été plus loin que je ne le voulais; un sentiment de mauvaise honte m'empêchait de revenir sur mes pas;... mais Dieu a eu pitié de moi, il a détourné la faux de la mort, et grâce à vos soins et à ceux de cette bonne et excellente femme, me voilà encore vivante et résignée. Cependant, mon révérend père, j'aurais une grâce à vous demander : obtenez de ces braves gens qu'ils ne me laissent pas seule, je ne le pourrais pas à présent; j'ai éprouvé un trop grand effroi quand je me suis sentie défaillir, en pensant que je mourais sans recevoir aucun secours de la religion, que je ne pourrais obtenir le pardon de tant de fautes qui échappent à la faiblesse humaine, de tant de murmures contre la volonté de Dieu, qui avait permis mon malheur, de mouvemens de ressentimens contre ce frère barbare; et comme si ce n'eût pas été assez de ces tourmens étrangers à mon cœur, j'avais aussi à combattre ce sentiment vainqueur de toutes les affections, qui régnait dans mon âme, et me faisait rendre à la créature l'hommage qui n'est dû qu'au Créateur. — Ces maux sont graves, madame, votre âme a pu en recevoir des blessures profondes; mais le Dieu de miséricorde, qui vous a préservée du malheur de mourir sans être réconciliée avec lui, ne m'a point envoyé vers vous pour que je vous abandonnasse aussitôt; non, madame, puisque votre danger a forcé Tergaste (c'est le nom de votre geôlier) à m'instruire de la rigueur de votre sort, il n'est rien que je ne fasse pour l'adoucir; je prends sur moi toute responsabilité; si M. le comte de la Marche venait ici et qu'il se plaignît de ce que je vais faire, je lui répondrais que, comme aumônier du château, je suis chargé devant Dieu de ceux qui l'habitent, principalement lorsqu'ils sont malades, et il ne pourrait trouver mauvais ce que je crois nécessaire à votre état. J'ordonne donc, en ma qualité de ministre du Roi du ciel et de la terre, que madame ait constamment la fille de Tergaste auprès d'elle pour la servir et avertir son père et moi toutes les fois que madame le désirera, ou aura besoin de l'un ou de l'autre. — Ah ! comment, respectable père Sostène, vous marquer ma reconnaissance ? — En rétablissant votre santé, et en attendant de Dieu, avec une parfaite confiance, la fin de vos maux. Déjà un être qui m'est inconnu s'est occupé de les adoucir. — C'était son nom que je voulais que Tergaste m'apprît; mais je n'ai pu l'obtenir. — Il ne savait peut-être pas qui est la personne qui vous protège. — Mon révérend père, reprit Marie avec une extrême dignité, savez-vous que je ne puis l'être que par une tête couronnée ? — Pardon, madame, je ne l'ignore pas; mais par quels mots puis-je représenter l'idée que je veux rendre ? quelque rang que vous ayez eu dans le monde, toutes ces vanités des vanités sont éclipsées, et il ne vous reste plus qu'un cachot et des fers. Tout le monde connaît l'humeur implacable du prince sous la puissance duquel vous êtes, et ce qui est certain, c'est qu'il n'y a que la protection divine qui puisse vous y soustraire, et qu'elle est déléguée dans ce moment à un être dont j'ignore le nom, le rang et la puissance, mais qui, par la magnificence des dons qu'il a faits en votre faveur, décèle, sinon le rang suprême, au moins un qui paraît rapproché du trône. — Que me dites-vous?... ah! pardonnez, mon révérend père, un moment d'orgueil que je n'ai pu dissimuler, et qui n'altère point ma reconnaissance pour vous et pour l'ange qui a adouci mon sort. Mais laissons pour cet instant toute discussion; je me sens encore bien faible. Ma chère Mathurine, envoyez-moi votre fille, et dites-lui que si je survis à ma disgrâce, elle aura près de moi un sort digne d'envie; que si je meurs dans ces tristes murs, il me restera encore la possibilité d'éloigner d'elle toute inquiétude pour

3.

l'avenir. Quant à vous, mon révérend père, je me flatte, d'après ce que vous m'avez dit, qu'il ne se passera pas de jour où vous ne veniez partager, pendant quelques heures, ma profonde solitude. »

Le père Sostène le lui promit et sortit. Bientôt après, Claudine vint remplacer sa mère auprès de la princesse : c'était une jeune fille qui n'avait pas encore vu terminer sa seizième année ; elle était fraîche comme la rose nouvelle ; ses traits, sans régularité, n'étaient pas sans agrément, et annonçaient, par leur mobilité, l'esprit qu'elle avait reçu de la nature ; sa répartie était vive et juste ; Claudine était plus jolie et plus civilisée que ses parens, parce qu'elle avait été, pendant ses premières années, chez sa marraine, l'une des dames de la dauphine

Marie d'Anjou; et ce n'était que depuis deux ans que sa marraine étant morte, Claudine revint chez son père, dont l'humeur farouche lui paraissait de jour en jour opposée au ton et aux manières de la cour, qui se font sentir dans toutes les classes de ceux qui y habitent; fier, impérieux, mais noble et imposant, dans la première; insolent, ridicule, mais toujours poli, dans la seconde. Ainsi, Claudine, formée par sa marraine, convenait infiniment mieux que toute autre à la fille des rois.

CHAPITRE VI.

« Le jour pénètre déjà dans ma prison; j'ai dormi long-temps. Que le sommeil de cette jeune fille est paisible! le sourire entr'ouvre ses lèvres; qu'elle est heureuse! aucune passion n'agite encore son sein, et moi, à son âge, j'avais déjà parcouru le cercle des plus douces jouissances et des plus cruelles calamités. Les princes semblent aller au-devant des misères morales; ils passent tout à coup de l'enfance à la jeunesse; l'adolescence, cet âge, si précieux dans les autres classes, est perdue pour eux : les passions, ces tyrans cruels, les attendent en sortant du berceau; les courtisans, qui n'ont de puissance que par elles auprès de leur maître, les pressent d'éclore;

j'en suis un triste exemple. J'avais à peine fini mon second lustre, qu'Hermande, veuve du seigneur Descroix, qui avait été nommée par le roi ma gouvernante, sous prétexte de m'instruire des hauts faits de ma maison, entremêlait ses narrations de récits d'amour, que j'écoutais avec avidité, et il m'est arrivé bien des fois de composer des dialogues sur ce qu'elle m'avait raconté ; je distribuais les rôles aux jeunes filles élevées près de moi et à mes pages. Le fils d'Hermande était le premier ; il avait quatre ans plus que moi, et parmi ses camarades, il était le plus favorisé des dons de celui qui les distribue à qui il lui plaît. Gustave était beau, plein d'esprit, adroit à tous les exercices, aspirant à la gloire de s'illustrer et en cherchant tous les moyens que l'honneur avoue ; aussi dans ces jeux encore enfantins, je le prenais toujours pour mon chevalier, et je m'accoutumais ainsi à lui donner une préférence qui nous a perdus.

Mais pourquoi revenir sur le passé, qui nous échappe pour toujours ? consignons plutôt ici mes pensées, mes sentimens, depuis qu'un nouvel ordre de choses se présente à moi. A peine puis-je croire que j'ai entendu répondre à à mes demandes, que je ne sois plus seule, qu'on m'ait assuré que je ne le serais jamais ; qui a fait ce changement ? ce bon religieux, que sa figure est vénérable ! quel calme règne dans ses traits ! on croit voir revivre en lui l'illustre fondateur de son ordre ; la persuasion coule de ses lèvres ; il a ranimé mes espérances pour un monde meilleur ; il priera pour moi le Dieu de nos pères, d'adoucir l'humeur farouche de mon persécuteur; il donnera plus de force au zèle de l'être mystérieux qui s'intéresse à moi. Ah! mon Dieu! rendez-moi digne de tant de faveurs, mais surtout répandez-les sur mon époux, mon cher Gustave; préservez-le des embûches que ses ennemis et les miens sèmeront sous ses pas : enfin je saurai quels lieux il habite; ah! Sostène ne bornera pas à moi ses soins charitables; il les étendra sur tout ce qui m'est cher. Gustave! je te reverrai, je te serrerai dans mes bras; tu me raconteras tes exploits, car tu n'auras pas langui dans une molle oisiveté. L'éclat de ton nom remplit peut-être l'Europe, et moi, on m'a oublié! un simple chevalier reçoit les hommages de ses contemporains, et la fille des rois est captive!... Mais l'ennemi de mon repos et du sien, l'aura-t-il laissé jouir de la liberté ? peut-être ce même château nous renferme l'un et l'autre ! peut-être ces murs impénétrables interceptent nos soupirs et nos gémissemens ! ah ! si je les voyais s'entr'ouvrir, comme autrefois celui qui séparait Thisbé de l'objet de son amour; ah ! dussé-je avoir son sort, je m'estimerais encore heureuse d'acheter à ce prix le bonheur de t'entendre me répéter que tu m'aimes encore ! »

Claudine se réveilla étonnée de se trouver dans la tour, de voir que la princesse avait déjà quitté son lit, elle qui, près de ses parens, était toujours la première levée ; comment a-t-elle dormi si long-temps ? l'obscurité de la prison, le silence qui y règne, en sont les causes; elle veut s'en excuser auprès de la princesse, Marie est trop heureuse de l'avoir près d'elle pour lui trouver aucun tort. Claudine se leva promptement, et se hâta de remplir, auprès de la princesse, les fonctions de sa place, pour ne point perdre les talens qu'elle avait acquis pendant son séjour chez sa marraine. La princesse fut tout étonnée de se trouver si bien servie, et de ce moment elle s'attacha tendrement à Claudine, qui, de son côté, lui prouva, dans tous les instans, son respect et un dévouement sans bornes.

Marie brodait dans une grande perfection; elle voulut, dès le premier jour, monter un métier qui lui avait été envoyé avec des laines de couleur et du fil d'or et d'argent; elle se faisait un plaisir d'apprendre à broder à Claudine. Tout changea ainsi autour d'elle : les heures s'écoulaient avec rapidité; celles des repas cessèrent d'être tristes comme elles l'avaient été pendant vingt ans, au point que la religion seule lui pouvait donner le courage de prendre les alimens nécessaires au soutien de son existence ; la gentille Claudine les égayait par son babil; le taciturne Tergaste disait aussi quelques mots; et s'il ne répondait point aux questions que la princesse lui faisait, ayant promis par serment au comte de garder toujours le silence, lorsque sa prisonnière l'interrogerait, au moins il lui demandait si elle était contente de ce qu'il lui apportait, et paraissait désirer faire ce qui lui était agréable, à l'exception des choses défendues par le comte; mais rien n'apporta autant d'allégement à l'ennui dont la princesse avait été accablée depuis sa captivité, que la présence du père Sostène; il venait régulièrement tous les jours passer avec elle depuis son dîner jusqu'au moment où Tergaste apportait le souper. Il était instruit de tout ce qui s'était passé en France depuis l'époque où le comte avait fait enlever sa sœur, jusqu'au moment où Sostène avait pénétré dans la prison de la princesse; ayant des amis dans les différens partis qui alors déchiraient la France, on ne doute pas de l'extrême curiosité que devait avoir Marie d'en être instruite, espérant bien que les évènemens qui s'étaient succédés depuis ce temps, n'avaient pas dû être étrangers à Gustave. D'un autre côté, le père Sostène désirait savoir quelle était la raison qui avait pu décider le comte à traiter sa sœur avec tant de barbarie, dont une femme sensible et puissante avait adouci le sort au moment où elle avait appris ses infortunes.

Il n'osait toutefois interroger la princesse; il se sentait pénétré de respect pour elle; mais il se flattait qu'elle désirerait lui apprendre les causes de ses longs malheurs, et il ne se trompait pas. Dès le second jour, Marie ne se sentait plus des souffrances que son long jeûne lui avait causées; douée d'une santé parfaite, elle fut la première à désirer de donner au père Sostène une idée exacte de tout ce qu'elle était, de ce qu'elle avait souffert, et des causes d'un traitement aussi rigoureux de la part du comte de la Marche, son frère. Elle pria donc ce saint homme de venir chez elle après son dîner; il s'y rendit, et la princesse lui lut ce qu'elle avait écrit; ce qui ne donnait encore au père Sostène que l'idée de ses sensations douloureuses, mais ne lui apprenait rien, si ce n'est qu'elle était née près du trône ; mais bientôt la princesse reprit :

« Mon père, le comte de la Marche, mourut que je n'avais que neuf ans ; mon frère fut nommé mon tuteur ; il a quatorze ans plus que moi : le ciel, au moment de ma naissance, m'avait enlevé ma mère ; mad. Descroix avait été nommée ma gouvernante et en remplissait les fonctions avec une grande exactitude. Je l'aimais tendrement; elle me tenait lieu de mère, et je n'avais aucune pensée que je ne lui fisse connaître. Pendant long-temps, elle fut pour moi un guide excellent ; elle avait une vertu sans tache, une religion éclairée, beaucoup d'instruction ; elle possédait le latin, et était en état de lire les plus célèbres auteurs dans leur langue. C'était elle qui avait élevé son fils unique, et lorsqu'elle le fit entrer au nombre de mes pages, il était non-seulement le plus beau parmi ces aimables enfans, mais encore un des plus savans ; elle ne tarda pas à me le présenter pour émule : il a quatre ans plus que moi ; années précieuses de l'innocence ! pourquoi votre prestige nous échappe-t-il si promptement ? Le fils de ma gouvernante, de celle que je regardais comme ma mère, me sembla un frère, malgré la distance que mon rang eût dû mettre entre nous ; hélas ! pensions-nous alors l'un et l'autre, que cette familiarité qui nous paraissait si simple, nous serait un jour si funeste ?

» Depuis que ma destinée dépendait du comte de la Marche, je le voyais très-peu, car j'habitais le château de Souvigny, dans le Bourbonnais (1), où il venait rarement; jamais sa présence ne me fit éprouver ce doux sentiment de l'amour fraternel que je ressentais pour Gustave; il avait l'air si froid, si impérieux, qu'il me causait un sentiment de crainte dont je ne pouvais me défendre. Ma gouvernante me le reprochait; elle lui faisait sa cour avec grand soin; et ce qui m'étonnait, c'est qu'alors elle suspendait toutes les leçons que je prenais ordinairement avec son fils, à qui elle ne permettait pas de paraître dans ma

---

(1) La ville et le château de Souvigny étaient la demeure ordinaire des princes de la maison de Bourbon.

chambre tant que le comte était au château de Souvigny : je n'ai fait cette observation que depuis ma captivité, car avant je vivais dans une telle confiance du caractère de madame Descroix, qu'il ne m'entrait pas dans l'esprit qu'elle pût se conduire par un esprit de calcul qui n'eût pour but que son intérêt et celui de son fils. O cher Gustave! pardonne si je révèle les fautes de ta mère! je sais que tu ne les partageas jamais; qu'entraîné par la plus irrésistible des passions, tu fus toujours prêt, néanmoins, à te sacrifier à ma sûreté, à ma gloire; que moi seule ai voulu ce que tu n'aurais pas osé me proposer; mais celle à qui j'étais confiée!... n'importe, si elle eut ou non des torts, elle les dissimula avec soin au comte, qui ne vit dans Gustave et ses camarades, que de jeunes enfans, qui recevaient une éducation meilleure que chez leurs parens, pour la plupart de pauvres seigneurs châtelains, qui savaient à peine lire et écrire; et dans la résolution où il était de ne point permettre que je me mariasse, il était loin de craindre que je fisse un choix parmi mes pages. Ce n'était pas à l'homme le plus orgueilleux qui ait jamais existé que l'on eût pu supposer de semblables pensées; mais comme j'avais hérité de ma grand'-mère des biens considérables, dont il voulait assurer la possession à ses enfans (car il s'était marié depuis la mort de mon père, et il avait deux fils), il recommanda à madame Descroix de ne me laisser voir personne d'étranger, étant convenu avec la reine, c'était alors Charles VI qui régnait, ou pour mieux dire, Isabeau, sa femme, régnait sous son nom; il était convenu, dis-je, que lorsque j'aurais quinze ans, j'entrerais en religion à l'abbaye de Chelles, dont on me ferait abbesse.

» Madame Descroix ne contraria en rien le comte, l'assura qu'elle entrerait dans ses vues, et qu'elle pourrait lui promettre qu'aucun grand seigneur ne pénétrerait dans mon château. Je n'ai su que long-temps après ce que je rapporte; je n'avais nulle envie de me mêler des longues conversations du comte et de ma gouvernante; elles étaient si graves, qu'elles m'auraient, à ce que je croyais, extrêmement ennuyée. Je pouvais avoir douze ans à cette époque: le prince passa deux mois chez moi, se fit rendre compte par les fermiers de cette vaste terre, en reçut toutes les redevances, et emmena un charriot couvert plein d'or et d'argent. Je n'y fis pas attention, et je ne m'en serais pas seulement aperçue, si un vieil écuyer de ma grand'mère ne m'avait dit : Je ne sais pourquoi M. le comte emporte ces sommes qui sont à vous, puisque, par le testament de la princesse votre aïeule, vous seule y avez droit, et encore ne nous a-t-il pas fait payer nos gages. Je tirai de ma poche une bourse et je la présentai à ce bon vieillard, qui ne voulut pas la prendre, et me dit : Je serais bien fâché de recevoir cette bourse, ce serait faire tort aux pauvres, qui la trouvent toujours ouverte pour eux ; oh ! il faudra bien que M. le comte nous paie. Ce discours m'apprit que j'avais des biens qui m'appartenaient, que mon frère s'en appropriait le revenu injustement. De l'idée d'une fortune indépendante on passe facilement à celle que sa personne l'est aussi ; du moment que l'on peut exister suivant son rang sans le secours de qui que ce soit, on sent aussi que l'on peut se faire une existence suivant son goût. Je formai, dès ce moment, le plan de ne point vivre à la cour, dont j'entendais raconter les plus tristes évènemens. La démence du roi, les intrigues entre son frère et ses cousins, pour savoir qui s'emparerait de la puissance ; la mort prématurée des dauphins ; toutes ces choses, que madame Descroix me racontait, me donnaient de l'ambition la plus funeste idée ; et je ne trouvais rien qui pût me plaire dans cette horrible agitation de la cour de Charles ; je me faisais, au contraire, une idée charmante de vivre toujours dans le château de Souvigny, dans lequel j'avais été élevée. Quand j'aurai dix-huit ans, me disais-je, je me marierai; mais à condition que mon mari ne fera point la guerre et n'ira pas à la cour. Vous voyez, mon révérend père, que j'étais bien enfant pour mon âge, et que j'avais bien peu d'idée des devoirs des princes, qui ne peuvent jamais disposer d'eux à leur gré.

» Madame Descroix, qui avait aussi ses projets, ne contrariait pas plus les miens qu'elle n'avait contrarié ceux du comte; depuis que celui-ci était parti, nous avions repris notre train de vie accoutumé; Gustave prenait ses leçons avec moi; depuis quelque temps, j'en recevais aussi du vieil écuyer; il m'apprenait à tirer de l'arc et à monter à cheval; Gustave, qui était déjà fort habile dans ces deux exercices, ne manquait pas de m'accompagner au manége et au jeu de l'arc ; mes autres pages et mes écuyers s'y trouvaient aussi ; mais je donnais toujours la préférence à Gustave ; les autres en étaient jaloux, et le vieil écuyer qui s'en aperçut en parla à ma gouvernante, qui haussa les épaules, et dit, en souriant de pitié : Sir de Talérac, pouvez-vous avoir une semblable idée ? quel rapport y a-t-il entre une princesse du sang de France et un pauvre seigneur châtelain ? mon fils est un enfant, et la princesse est encore si jeune. Cependant, ajouta-t-elle avec la plus extrême gravité, si je croyais Gustave capable de s'oublier à ce point, je le bannirais moi-même pour toujours de ce château ; mais je suis loin d'avoir cette crainte. Sir Talérac se tut ; mais il observait, et ses observations lui paraissaient de plus en plus importantes. Hélas ! nous nous endormions, Gustave et moi, sur le bord de l'abîme. Sir Talérac entreprit de nous faire concevoir le danger de notre situation, qui, pour lui, n'était plus douteuse depuis un évènement dont il avait été témoin.

» Du moment que je montais bien à cheval, que je tirais très-juste, j'avais pris beaucoup de goût pour la chasse, et mon parc, qui avait plus d'une lieue, suffisait pour nous en donner le plaisir ; je dis nous, car en aurais-je eu si Gustave ne l'avait pas partagé ? Je venais d'avoir quatorze ans ; Gustave en avait dix-huit ; il était charmant, et surtout à cheval, il effaçait tous ses camarades, même à des yeux moins prévenus que les miens.

» Un jour que nous chassions un

cerf, l'animal saute une barrière très-élevée; Gustave veut forcer son cheval à la franchir aussi, mais la pauvre bête manque son coup et retombe sur ses jarrets, se renverse sur son maître et le laisse sur la terre, sans connaissance : je le suivais, et en le voyant dans ce triste état, je fais un cri et m'évanouis; heureusement, sir Talérac était près de moi; il me reçoit dans ses bras au moment où j'allais tomber. Madame Descroix qui était accourue au secours de son fils, me voyant presque dans le même état, ne savait à qui donner ses soins; mes demoiselles qui me joignirent bientôt, s'occupèrent de moi et on me transporta au château, tandis que l'on relevait le pauvre Gustave; hélas! pourquoi ne mourûmes-nous pas, lui de ses blessures, moi de ma douleur; de quels maux nous eussions été préservés ! Mais quoique cet accident, qui eût pu être beaucoup plus grave, n'eût aucune suite fâcheuse, elle éclaira trop le vieux Talérac sur la nature du sentiment que j'ignorais, et qui avait déjà fait tant de progrès dans mon cœur.

Demain, mon révérend père, je vous apprendrai tout ce qu'il tenta pour nous préserver des malheurs que sa longue expérience lui avait fait pressentir, et qu'il n'a que trop sciemment prédits.

CHAPITRE VII.

Le père Sostène, qui était très-empressé de savoir par quel enchaînement de circonstances l'éclat qui environnait à son aurore la princesse Marie s'était tout à coup obscurci, fut exact à se trouver à l'heure qu'elle lui indiquait; et dès qu'elle le vit, elle lui fit signe de s'asseoir, et reprit ainsi :

« Talérac résolut de s'adresser à Gustave ; il se disait : Les sentimens d'honneur sont plus forts dans l'extrême jeunesse que lorsque les calculs de l'intérêt et de l'ambition en ont altéré la force.

» Un jour donc il emmena Gustave dans le parc ; et lorsqu'ils furent dans un endroit écarté, il le fit asseoir sur un tertre au pied d'un chêne, et resta quelque temps en silence. Gustave le rompit, et lui demanda ce qu'il lui voulait, et pourquoi il l'avait amené dans cette partie sauvage du parc. — Pour que personne ne puisse nous entendre. Jurez-moi sur les mânes de votre père que vous n'instruirez point votre mère de ce que j'ai à vous dire. — Je suis étonné que vous exigiez un pareil serment; ma mère a toujours connu toutes mes pensées. — Non, elle ne les connaît pas toutes, ou elle cesserait de mériter l'estime qu'on lui accorde. — Expliquez-vous, sir Talérac; ma mère peut savoir ce que je pense et n'en être pas moins estimable. — Non pas dans cette circonstance. Enfin, voulez-vous me promettre de ne point lui révéler le sujet de cette conversation? — Je le promets si elle ne traite aucun sujet qui puisse nuire à madame Descroix. — Elle ne peut que lui être avantageuse ; mais j'insiste pour qu'elle l'ignore. — Je vous le promets. — Gustave, savez-vous quelle différence existe entre vous et votre auguste princesse ? — Je sais qu'elle est immense, et je ne crois pas avoir jamais prouvé que je l'aie oublié. — Eh bien ! Gustave, vous l'oubliez au fond de votre cœur, et vous osez vous élever jusqu'à la fille des rois, vous qui n'êtes que le fils d'un simple chevalier. — Que me dites-vous, sir Talérac, moi j'aurais conçu le dessein téméraire ?... — Oui, vous avez cru qu'il vous était permis d'adorer en silence la princesse Marie, et c'est déjà trop ; mais vous allez plus loin, vous ne négligez aucune occasion pour vous en faire aimer, et vous y êtes parvenu. — Ciel ! que m'apprenez-vous ; moi, j'aurais pu obtenir d'être aimé de celle vers laquelle j'ose à peine lever les yeux : sir Talérac, quelle peut être votre intention en me révélant un mystère qui ferait le destin de ma vie ? — De vous faire trembler sur les suites qu'il peut avoir : vous ne connaissez pas comme moi l'impitoyable comte de la Marche ; tous ses vassaux tremblent en sa présence, et il n'est pas de mois où il ne fasse conduire au gibet quelqu'un d'eux, pour la moindre infraction à ses lois, et vous imagineriez échapper à sa vengeance ! Et votre mère, qui doit lui répondre des actions de la princesse ! si la mort n'était pas la punition de sa négligence, c'est qu'il trouverait que ce ne serait pas assez se venger ; il la ferait enfermer dans les cachots du château de Cornette ; c'est là qu'il fait languir ses victimes ; là, votre mère pleurera son imprudence, et vous appellera inutilement à son secours, tandis que vous serez tombé sous les coups des farouches satellites qu'il soudoie pour exécuter ses arrêts sanguinaires. Gustave, sans s'émouvoir des discours de Talérac, lui demanda si, dans ces exécutions barbares, j'aurais quelque chose à redouter : Rien, dit le vieil écuyer, qui n'avait pas encore une juste idée de la profonde méchanceté de mon frère. Eh bien ! reprit Gustave, si, comme vous le dites, je suis aimé, et qu'il n'y ait rien à craindre pour la princesse, je ne vois pas ce qui pourrait me faire renoncer à la plus grande félicité dont un homme puisse jouir : quoi ! je serais aimé et je fuirais ! --- Et votre mère ! — Cette considération serait grande pour moi ; mais malgré tout ce que vous pourriez dire de la cruauté du comte, je ne vois pas que ma mère puisse être punie, parce que j'ai eu le bonheur d'être aimé de l'adorable Marie ; non, ne demandez point de m'éloigner d'elle ; je mourrai à ses pieds, s'il le faut, mais elle seule a le droit d'exiger que je quitte son service.

» Talérac fit l'impossible pour le déterminer à s'éloigner de Souvigny ; il ne voulut point y consentir, et ne cessa de répéter au vieil écuyer, qu'il avait trouvé un moyen peu favorable pour l'engager à quitter le château, en lui apprenant ce qu'il ignorait, qu'il était aimé. Eh ! comment, disait-il, si la princesse a pour moi ce sentiment de préférence, qui s'empare de toutes les puissances de l'âme, qui rend insupportable tout ce qui n'est pas l'objet aimé, qui ne vit que par lui, qui devient l'âme de notre âme; enfin ce feu sacré, qui ne pourrait s'éteindre qu'avec celui qui nous anime; comment la princesse pourrait-elle exister sans moi, comme depuis plusieurs mois je ne puis vivre sans elle?

» Talérac vit bien qu'il ne pourrait empêcher les progrès d'une passion dont il craignait pour moi les funestes effets; il renonça à persuader Gustave, et crut qu'au moins s'il ne redoutait rien pour lui, je serais effrayée du danger que mon amour pouvait faire courir au jeune Descroix, et il résolut de m'en parler. Alors se levant, il reprit le chemin du château; Gustave le suivit; arrivés sur la terrasse, ils se séparèrent sans s'être dit un seul mot.

» Le même jour, comme je me rendais à la chapelle, Talérac s'approche de moi, et me demande de lui permettre de m'entretenir des intérêts d'un des officiers de ma maison, qui ne pouvait attendre que de moi d'éviter les plus grands malheurs; mais qu'il fallait que personne n'en fût informé : je lui dis qu'en sortant de la chapelle, je me rendrais dans le pavillon du parc ; il m'assura qu'il s'y trouverait.

» Souvent il m'arrivait de me promener dans mes jardins, sans être suivie de personne ; était-ce insouciance de la part de ma gouvernante, ou voulait-elle offrir à son fils l'occasion qu'il avait été loin jusque-là de chercher ; car sans Talérac, il n'eût jamais imaginé qu'il était aimé, quoique, comme il le dit lui-même, depuis que j'avais atteint ma quinzième année, il avait ressenti les atteintes de l'amour le plus tendre, mais en même temps le plus respectueux : si Talérac voulait nous sauver, il se trompa étrangement, car c'est lui qui nous perdit ; mais revenons à ce que je vous disais.

» Je me rendis au pavillon, où je trouvai le vieux Talérac ; il avait une figure vénérable ; ses cheveux blancs tombaient en boucles sur ses épaules ; son front, qui était obscurci par l'effet terrible que produisent dans le cœur l'ambition et l'envie, portait une noble cicatrice, et le feu d'une âme sensible brillait encore dans ses yeux. Quand il me vit entrer, il se leva ; je m'assis ; mais quelle fut ma surprise, quand je le vis tomber à mes genoux ! effrayée de ce mouvement, sans trop démêler la cause de ma crainte, je voulus me lever ; il me conjura de l'entendre, et je vis des pleurs s'échapper de ses yeux. Que voulez-vous? lui dis-je. — Que vous sauviez un infortuné qui, malgré tout ce que j'ai pu lui dire, court à sa perte. — Eh! repris-je, s'il ne vous écoute pas, comment m'écouterait-il? mais enfin apprenez-moi qui il est et ce que je dois lui dire; avant tout, bon et respectable vieillard, levez-vous, ou je ne puis vous entendre; et comme il résistait encore, je lui dis, avec ce ton d'autorité que les enfans des rois sucent avec le lait : Sir Talérac, je vous l'ordonne. Il se leva aussitôt, et parla ainsi : C'est de quelqu'un, madame, qui vous est cher, dont je viens vous entretenir, de Gustave. — De Gustave! repris-je avec la plus vive émotion, et quel danger peut-il courir dans cette paisible retraite? — Le plus grand de tous, madame, celui de mériter justement la haine et la vengeance de monseigneur le comte de la Marche. — De mon frère, et par quelle raison ? — Parce qu'il ose porter ses regards jusqu'à vous ; qu'il ose.... — Qu'a-t-il osé ? — Vous aimer, madame. — Eh bien ! quel mal cela ferait-il ? le comte Thibault n'a-t-il pas aimé mon aïeule l'illustre Blanche de Castille ; n'a-t-il pas fait pour elle des chansons, que je chante souvent ? — Ah ! madame, quelle différence ! la reine Blanche n'avait rien à craindre des séductions de l'amour ; sa grande âme était trop au-dessus de ses faiblesses ; mais vous, madame, vous êtes si jeune.... Et comme il vit que j'allais relever un propos qui m'offensait, il se hâta d'ajouter : d'ailleurs le comte de Champagne était un prince souverain digne de celle à qui il présentait son hommage ; encore est-il certain que la mère du saint roi n'écouta pas favorablement ses soupirs, et on présume que la politique seule l'avait engagée à ne pas repousser trop rudement les vœux du comte, parce qu'elle avait besoin de lui pendant les embarras inséparables d'une minorité; enfin, elle était maîtresse d'elle-même, et vous, madame, ignorez-vous que vous êtes sous la tutelle du prince le plus orgueilleux, et qui écraserait, comme un vil insecte, le pauvre Gustave? — J'imagine, sir Talérac, que si Gustave avait eu la pensée de se déclarer mon chevalier, car c'est apparemment là ce que vous appelez aimer, il aurait le cœur assez haut pour ne pas souffrir, même du comte de la Marche, la plus légère injure. — Et comment pourrait-il se défendre? — Par son épée. — Mais il serait accablé par le nombre. — Au moins vendrait-il chèrement sa vie, et en la perdant pour moi.... Je ne pus achever; des larmes s'échappèrent de mes yeux; l'idée que l'on avait voulu avilir celui qui m'était si cher, avait révolté mon orgueil. J'avais cru pouvoir sans mourir, supporter l'idée des dangers dont il serait entouré, et auxquels il succomberait peut-être; mais tout à coup ces périls se présentèrent à moi dans toute leur force; je me laissai tomber sur mon fauteuil, et je portai ma main sur mes yeux pour dérober les larmes que je versais malgré moi. Combien je sentis alors que Gustave m'était cher! Talérac attendait en silence que je fusse plus calme pour lui répondre, mais c'était en vain; il avait bouleversé mon âme; ses funestes préventions, je le répète, nous ont perdus, parce qu'en nous faisant connaître la situation de nos cœurs, il nous a ôté la force de résister à un sentiment qui fût demeuré enseveli dans notre âme : c'est un feu caché sous la cendre ; il devient un incendie terrible, si une main imprudente le découvre. Enfin, devenant plus maîtresse de moi même, je dis à Talérac : Vous m'avez fait beaucoup de mal ; je le pardonne à votre zèle ; mais je vous prie, une autre fois, de le modérer, et de ne pas vous permettre d'oser lire dans mon cœur : vous n'avez nul droit de m'interroger. Je puis avoir une sincère amitié pour le fils de ma gouvernante ; s'il me dévoue son existence sans rien prétendre de plus, je ne vois pas que sa conduite puisse offenser le comte de la Marche, qui, au surplus, ne vous a pas chargé, à ce que je crois, de veiller sur la mienne. — Madame, permettez-moi.... — Sir Talérac, je ne veux plus rien entendre; laissez-moi, et ne me forcez pas à vous en donner l'ordre.

« L'ambitieux vieillard, désespéré de m'avoir déplu, et ne sachant comment m'apaiser et en même temps rompre l'intelligence entre moi et Gustave, qui dérangeait ses projets, car il avait fondé la fortune de ses fils sur mon mariage avec quelque prince souverain, sortit pénétré de la plus profonde douleur. Ne voulant pas le rencontrer dans le parc, et ayant besoin de me remettre de la double émotion que j'avais éprouvée, je restai dans le pavillon dont la porte était restée ouverte.

Je réfléchissais à tout ce que Talérac m'avait dit, et la tête appuyée dans mes mains, je ne voyais rien de ce qui se passait, mais je crus entendre quelque bruit. Je regarde, et je vois Gustave qui n'osait entrer. Il me sembla que je ne pouvais manquer la seule occasion peut-être que j'aurais de lui parler en liberté de ce que je venais d'apprendre; car avant ce moment je ne me doutais pas seulement que la tendresse que j'avais pour Gustave fût de l'amour; mais par un instinct de pudeur que le ciel a imprimé dans le cœur des femmes, je me promis à moi-même de n'en jamais convenir avec Gustave; ce qui ne m'empêcha pas de lui faire signe d'entrer. Il s'avança quelques pas d'un air si timide, que je fus moi-même très-embarrassée avec celui que jusque-là j'avais traité comme mon frère. »

On apporta le souper de la princesse. Le père Sostène se retira, gémissant en lui-même de l'idée que l'amour eût fait tous les malheurs de l'infortunée Marie.

CHAPITRE VIII.

On pense bien que malgré la sévérité des mœurs de l'aumônier, il était assez curieux de savoir ce que pouvaient se dire une jeune vierge qui n'avait pas quinze ans et un jeune homme de dix-huit qui venaient tous deux, presque dans le même instant, d'apprendre qu'ils s'aiment d'amour et que les plus grands malheurs seraient la suite de ce sentiment, dont ils se sont toujours fait une si douce image. Il fut donc encore plus exact que de coutume, et après avoir rendu ses hommages à la princesse, il la pria de continuer son récit. La princesse dit à l'aumônier : « Je ne sais si je dois en présence de cette jeune fille, (car Claudine ne quittait jamais la chambre de Marie,) vous rendre un compte exact de l'entretien que j'eus avec Gustave; les passions sont contagieuses. Je pense néanmoins, que tous les malheurs dont quelques instans de délices furent suivis, suffisent pour faire sentir tout le danger de cette trop funeste passion. Je commence donc.

» Dès que Gustave eut fait quelques pas, je lui dis : Qui vous a appris que j'étais ici ? — Ah ! dussiez-vous, madame, vous en offenser, je ne puis vous cacher que je vous y ai suivie. — Et par quelle raison ? — J'avais vu sir Talérac vous parler en allant à la chapelle, j'avais entendu qu'il vous demandait un entretien secret, je savais quel devait en être l'objet. — Et qui vous en avait instruit ? — Lui-même; car ayant eu avec moi, deux heures avant, une discussion fort vive, et n'ayant pu rien obtenir de moi, je me doutais qu'il essaierait, s'il avait plus de crédit, madame, sur votre esprit que sur le mien ; et comme c'était une chose pour moi de la plus grande importance, j'ai voulu, si je ne me permettais pas d'écouter la conversation qu'il aurait avec vous, savoir par l'air plus ou moins triste de votre écuyer, s'il aurait ou non, obtenu ce qu'il désirait ; et en le voyant sortir dans une grande agitation et l'air très-mécontent, je me suis dit : il n'a pu réussir comme il le voulait, à me faire bannir de ce séjour qui réunit toute la félicité de mon âme. — Non, cher Gustave, je ne vous éloignerai point de votre mère pour des craintes chimériques, je ne croirai point... — Ah ! madame, vous ne croirez point que je suis assez insensé pour prétendre à l'honneur de votre main; mais croyez, je vous en conjure, que tout ce qu'un cœur peut éprouver de respect, de..... — N'achevez pas, Gustave, il faudrait peut-être nous séparer; non, vous n'avez que du respect pour moi, de l'amitié; nous nous sommes vus si jeunes, je n'avais pas six ans, vous en aviez dix; Gustave, n'oubliez pas que vous ne pouvez jamais être mon époux; que par conséquent, il ne peut y avoir entre nous qu'un sentiment, qui ne doit jamais être ce que l'on nomme amour.... vous ne répondez pas ? est-ce que ce que je vous dis vous fait de la peine ? — Je dois, madame, en être pénétré de reconnaissance, et faire sans cesse un effort constant sur moi-même, pour ne jamais perdre vos bontés. — Un effort !.... quoi, il ne vous est pas naturel de m'aimer d'un sincère attachement; moi il me semble que cela m'est si facile. — Je l'ai cru long-temps. — Vous ne le croyez plus ? — Non, mais je ferai en sorte que madame ne s'en apperçoive jamais. — Gustave, je crois que nous avons tort de raisonner sur ce sujet, cela nous menerait plus loin que nous ne voudrions; adieu, Gustave, nous chasserons aujourd'hui au renard, vous monterez mon joli petit cheval blanc et moi votre alezan; j'aime à changer de cheval avec vous; que nos chevaux nous connaissent également; ces bons animaux, ils s'aiment parce que nous nous aimons. Adieu, Gustave, partez avant moi; il ne faut pas que Talérac nous trouve ensemble; partez donc, Gustave. — Madame, je ne le peux pas, un charme inexprimable m'attache ici. Ah ! j'y reviendrai souvent.

Madame, ménagez un infortuné dont vos bontés altéreraient la raison. — Non Gustave, ce sont les amans qui sont fous, les amis sont sages. Sir Descroix, vous êtes mon ami, le fils de ma seule, de mon unique amie ; ne lui parlez pas des extravagances de Talérac, cela l'effraierait. Elle est si bonne, si sensible ! Elle vous aime beaucoup : elle m'aime bien aussi. — Ah ! madame, qui ne vous aimerait pas !

» Je ne vous rapporterai pas tout ce qu'il me dit alors de tendre et de flatteur ; j'en fus si émue, que je lui dis : « Gustave, retournez au château, je vous prie ; il est essentiel que j'y revienne et que l'on ne nous rencontre pas. — J'y vais, dit-il ; mais me sera-t-il permis de demander à madame une grâce ? — Parlez, Gustave, je n'ai rien à refuser au fils de ma gouvernante. — C'est que vous daigniez me promettre que jamais vous ne me donnerez l'ordre de quitter Souvigny. — Jamais, mon cher Gustave, mon cœur vous en assure. » Il se prosterna à mes pieds, baisa le bas de ma robe, se leva, et reprit le chemin du château. Je restai abîmée dans une foule de sensations si vives, que je ne pouvais résister à mon émotion, quand j'entendis la voix de mes demoiselles qui me cherchaient. Je les appelai, et nous revînmes ensemble au château, où on était loin de se douter de la révolution qui s'était faite dans mon âme.

Gustave s'était empressé de faire passer mes ordres pour la chasse; et en arrivant je trouvai dans les cours la meute, les piqueurs; les cors répétaient des fanfares, et les chevaux,

5.

impatiens de s'élancer sous les routes du bois, hennissaient en frappant du pied. Je vis que Gustave avait suivi mes intentions ; il montait mon cheval blanc, et l'alezan m'attendait, mais je ne vis point Talérac. Je pensai que mécontent de la manière dont j'avais reçu ses conseils, il avait cru pouvoir se dispenser de me suivre à la chasse, qui lui paraissait une preuve certaine que je ne voulais pas me conformer à ses avis ; je fis peu d'attention à son absence ; et toute occupée de profiter d'une belle matinée (car il semblait que le soleil ne m'avait jamais paru si brillant), je ne perdis point de temps pour changer d'habit et en prendre un convenable pour la chasse. En entrant dans ma chambre j'y trouvai madame Descroix vêtue en Amazone, qui m'attendait ; je me jetai dans ses bras d'une manière si caressante qu'elle en parut surprise; et loin de se prêter aux témoignages de mon amitié, elle se retira avec respect. « Qui peut, ma digne amie, vous donner avec moi une expression si froide? — Vous n'êtes plus, madame, dans l'âge heureux de l'enfance qui ne connaît aucune des tristes lois de la civilisation : la princesse de la Marche n'est plus la charmante Marie que je pressais sur mon sein comme une fille chérie. — Je suis toujours la vôtre, ma chère Hermande, avec encore plus de tendresse que lorsque je n'avais pas assez de discernement pour connaître tout ce que vous valez. Ah! soyez ma mère, et puisque le ciel m'a privée de celle de qui je tiens la vie, qu'au moins je trouve dans votre cœur un asile contre ceux qui

me jugeront avec trop de rigueur.
— Et qui oserait ici, madame, avoir cette témérité ? — Un jour, mon amie, je vous en instruirai ; mais les chasseurs s'impatientent, partons. Et m'appuyant sur elle avec tout l'abandon de la plus tendre amitié, nous nous rendîmes dans la cour. Gustave aurait bien voulu descendre de cheval pour venir me tenir l'étrier ; mais c'était le droit de mes écuyers, et il ne l'était pas encore. La journée fut superbe et la chasse très-heureuse : Gustave avait l'air si heureux, que je me félicitais de son bonheur ; illusion funeste qui ne fut pour moi qu'un rêve trompeur ! »

CHAPITRE IX.

Plus Marie avançait dans son récit, plus le père Sostène était avide de l'entendre; aussi ne manquait-il pas un seul jour de venir dans la tour.

« Je vous parle, dit Marie, avec complaisance des premiers momens d'un amour qui devait me causer tant de larmes. Depuis vingt ans je pleure ces deux années de bonheur, dont cependant le souvenir m'attache malgré moi, et me fait trouver dans les moindres détails, un charme que je ne puis exprimer.

» Si je n'avais fait aucune attention à l'absence de Talérac, pendant la chasse, je fus étonnée qu'il se dispensât de paraître à mon retour au château. Madame Descroix, qui en fut surprise plus que moi, parce qu'elle n'avait nulle idée de la raison qui l'empêchait de se rendre à son devoir, demanda à celui de mes écuyers qui le remplaçait, où il était? — Il est parti ce matin pour Paris, disant qu'il avait des choses importantes à communiquer à M le comte. — Parti sans avoir pris les ordres de la princesse ! et elle vint aussitôt me demander si c'était moi qui avais envoyé Talérac à Paris? — Moi! en aucune manière; et je fus frappée d'effroi. Cependant je ne pouvais croire qu'un vieux serviteur de la duchesse de Vendôme, qui avait été le premier à blâmer la conduite de mon frère dans l'administration de mon bien, allât instruire le comte de la Marche de choses dont il ne pouvait avoir aucune certitude. Cependant je sentis l'indispensable nécessité de prendre, avec mad. Descroix, les moyens les plus prompts pour déjouer les mesures de cet imprudent vieillard ; alors je l'emmenai dans une tourelle, près de ma chambre, où je lui racontai tout ce qui s'était passé dans le fatal pavillon, ce qui ne m'avait que trop éclairée sur la nature de mes sentimens pour Gustave.

» Hermande reçut ma confidence avec tout le respect possible, mais se garda bien de mettre à ces révélations l'importance que je croyais qu'elle y mettrait ; elle ne me cacha pas que sir Talérac lui avait fait part de ses craintes qu'elle avait traitées de faiblesses pardonnables à son âge, et auxquelles elle croyait qu'il ne donnerait pas de suite ; lui déclarant en outre que cela ne la ferait pas changer d'opinion, parce que son fils était incapable d'une pareille folie : quant à vous, madame, j'ai une trop haute idée de l'élévation de votre âme, pour croire que vous seriez capable de donner entrée dans votre cœur à un amour si opposé à la dignité de votre rang; mais comme ce que sir Talérac a cru voir, d'autres le pourraient voir aussi, il est indispensable que Gustave parte. — Quoi! vous auriez le courage de vous séparer de lui ? — Eh! madame, ne vaut-il pas mieux qu'il aille en Provence, chez un de mes oncles, plutôt que de rester ici exposé à la colère de monseigneur le comte de la Marche, qui sûrement obtiendra de la reine un ordre pour le faire arrêter? Je sentais bien qu'Hermande avait raison; mais comment me séparer de l'ami de mon enfance? comment lui donner l'ordre de s'éloigner, lorsqu'au contraire je lui avais promis de ne jamais consentir à son départ? Je restais muette, et la foule de mes pensées ne me permettait pas de les exprimer, lorsqu'Hermande ajouta : Non, madame, je ne serai point coupable de la mort de mon fils et de la perte de votre réputation ; je vais sur-le-champ dire à Gustave de quitter le château et de se rendre à Arles. — Quoi ! vous croyez, mon amie, qu'il n'y a aucun moyen de déjouer la trame de Talérac ? si je lui envoyais l'ordre de revenir ? — Il a trop d'avance : on ne le rejoindrait pas ; mais je m'arrête trop, les momens sont chers. Et elle sortit de la tourelle, sans que j'eusse la force de l'arrêter. Je restai dans un accablement qui ne me permit de faire aucun effort pour changer cette triste mais sage mesure.

» A peine mad. Descroix m'eut-elle quittée, qu'elle alla trouver son fils, et lui ordonna de partir pour Arles, lui recommandant d'y rester jusqu'au moment où elle lui écrirait d'en partir (1). Gustave se jeta à ses genoux, la supplia de ne point ordonner sa mort; qu'il ne pourrait vivre dans une cour étrangère, loin de son auguste maîtresse. Hermande fut sourde à tout ce qu'il put lui dire; elle donna elle-même les ordres

---

(1) Pour se persuader de la vérité des faits rapportés dans ces mémoires, il faut se reporter au temps où ils se passèrent; alors on ne sera pas surpris qu'un jeune homme de dix-huit ans, éperdûment amoureux, obéisse sur-le-champ à sa mère quand elle lui ordonne de partir, parce qu'alors il n'y avait aucun âge où il fût permis à un enfant de désobéir à ses parens.

pour son départ, et ne quitta pas son fils qu'il ne fût monté à cheval.

» Ce que je devins pendant tout ce temps ne se peut imaginer; mes larmes ne cessèrent de couler. Je m'étais enfermée dans mon oratoire; mais, j'en conviens à ma honte, ce n'était pas pour prier : Gustave était le Dieu que mon cœur adorait; l'idée de ne plus le revoir, d'être forcée de m'unir à un autre, me causait de telles angoisses, que je me flattais de voir bientôt terminer mes douleurs avec ma vie. Hélas! je ne savais pas alors que l'on peut survivre à vingt ans d'infortune, bien autrement graves que celles dont je me faisais une si terrible idée! Encore si j'avais pu, ne voyant plus Gustave, ne voir aucune autre personne! je me serais trouvée moins malheureuse; mais pouvais-je m'en flatter? Hermande, que je haïssais à cet instant autant que je l'avais aimée jusqu'alors, n'allait-elle pas venir se faire un triomphe de mes douleurs, et me raconter, comme une preuve de zèle, ce qu'elle avait exigé de son malheureux fils? Et lui, pourquoi a-t-il obéi? ne devait-il pas résister tant qu'il n'aurait pas entendu de ma bouche cet arrêt fatal? Mais il n'est peut-être pas parti; il m'aime trop pour avoir cédé si facilement. Je m'afflige inutilement; il faut que je m'assure si c'est à tort ou à raison. J'essuyai mes yeux; je rattachai mon voile, et j'ouvris la porte de ma tourelle : mes demoiselles étaient toutes dans ma chambre à attendre mes ordres. Parmi ces jeunes filles, il y en avait une que j'aimais de préférence, et elle le méritait par les grâces de sa personne, son esprit, la bonté de son caractère, et un certain rapport de goûts, de caractères, fortifié par celui de nos âges. Bertille était le nom de cette aimable personne : elle me parlait toujours de Gustave avec éloge; et ne lui croyant que de l'amitié pour lui, elle m'en était encore plus chère. Je fus frappée de sa profonde tristesse, et m'approchant d'elle, je lui demandai si elle avait vu madame Descroix. — Elle sort d'ici, me dit-elle en soupirant. — Eh bien? — Le sir Descroix est parti. — Que me dites-vous? Et comme je me sentais défaillante, je la pris par le bras, et je rentrai avec elle dans la tourelle; et là, ne pouvant plus contenir ma profonde douleur, je m'écriai : Il est parti! — Hélas! oui, reprit aussi tristement Bertille. — Quoi! sans avoir demandé à me voir? — Sa mère ne lui en a pas donné le moyen : elle ne l'a pas quitté qu'il ne fût monté à cheval. — Sans me voir ! voilà ce que je ne pouvais me persuader. — Vous savez, madame, combien madame Hermande est absolue : elle l'aura menacé de sa malédiction s'il ne lui obéissait pas, et il n'aura pas osé lui résister. — Je croyais qu'il m'aimait avec la plus vive tendresse; je me suis trompée. Madame Descroix a raison de dire que les hommes ne savent point aimer. Ma chère Bertille, vous êtes heureuse; vous ne connaissez pas ce funeste sentiment qui subjugue notre âme et ne nous laisse d'autre faculté que celle d'aimer. Bertille, c'est ainsi que j'aime Gustave; je ne puis plus vous le laisser ignorer : j'ai besoin de trouver un cœur dans lequel je puisse épancher le mien. Serait-ce à sa cruelle mère que je parlerais de mon amour pour son fils ? la crainte seule que je n'éprouve ce sentiment funeste, lui a fait éloigner son fils. En parlerai-je à ces cœurs froids qui n'aiment en moi que la fille des rois, qui ne sont occupés que de projets ambitieux ou qu'un plus vil intérêt domine ? Non, il me faut une âme pure, simple comme la vôtre, qui m'aime pour moi seule, qui compâtisse à ma foiblesse sans y participer; un cœur, enfin, qui m'aime pour moi. Bertille se jeta à mes genoux, me prit les mains, les baisa avec respect, laissa échapper quelques pleurs, que je crus une preuve du vif intérêt qu'elle prenait à ma douleur; et, levant ses beaux yeux noirs au ciel, elle dit : « Mon Dieu, je vous prends à témoin que je me dévouerai le reste de mes jours à mon auguste maîtresse, et les consacrerai entièrement à son service. » Je l'embrassai, et la forçant à se relever, je la fis asseoir près de moi; je lui parlai avec la plus grande confiance de mes sentimens pour Gustave, de l'étonnement que j'éprouvai quand le vieux Talérac m'apprit que j'aimais d'amour celui que jusque-là je regardais comme un frère. Je lui rendis compte de mon entretien avec sir Descroix dans le pavillon du parc. Je la voyais changer de couleur sans me douter que j'enfonçais un poignard dans son cœur, en lui apprenant combien Gustave m'aimait; car il faut que vous sachiez, mon révérend père, jusqu'à quel point Bertille a poussé le dévouement à ma personne. Cette infortunée adorait Gustave, s'en croyait aimée, et n'aspirait qu'au moment où elle pourrait lui être unie ; et de cet instant elle s'immola elle-même pour ne plus s'occuper que de mes intérêts. Tant de générosité, de délicatesse, devaient-ils avoir une suite aussi douloureuse ! et Bertille, en se sacrifiant à moi, pouvait-elle imaginer qu'elle me précipiterait dans un abîme de maux qui n'auraient d'autre terme que la mort ? Mais elle, qu'est-elle devenue ? a-t-elle revu Gustave ?.... Ah ! respectable Sostène, combien le malheur rend méfiant ! Bertille, cette amie si dévouée ; Gustave, cet amant, cet époux si tendre, que de fois je vous ai calomniés dans mon cœur ! combien de fois ne me suis-je pas dit dans les mouvemens du plus affreux désespoir : Ils sont restés libres, et moi je suis dans les fers ! Bertille adorait Gustave ; elle ne me l'a pas laissé ignorer ; Bertille était belle et aimable; qui me dit..... Ah! s'ils avaient trahi leurs sermens; s'ils s'étaient unis par des nœuds sacriléges! A cette pensée je sens encore des tourmens qui surpassent tous ceux que j'ai soufferts. » Le père Sostène écarta cette fatale idée. « Hélas! dit-il, combien les hommes ajoutent aux maux qui les environnent en se livrant au penchant qui nous porte à juger défavorablement de nos semblables! les jugemens téméraires sont des calomnies présumées; ils détruisent la paix des sociétés les plus intimes, préparent des levains de discorde, et sont cause quelquefois que l'événement que nous imaginons arrive, parce qu'en donnant ainsi des témoignages de mépris à ceux qui nous environnent, nous leur indiquons la route du mal qu'ils n'auraient pas découverte sans notre injuste méfiance. Voulez-vous, ajouta ce digne religieux, que les hommes se conduisent avec vous d'une manière estimable ? estimez-les. » Les paroles du père Sostène avaient un grand poids, parce qu'on ne pouvait douter qu'il ne pensât ce qu'il disait, et que tout chez lui était conduit par un grand amour de la vérité; aussi parvint-il à faire rougir Marie de l'idée qui la tourmentait depuis long-temps, que Gustave et Bertille se fussent unis malgré les nœuds sacrés qui attachaient la princesse au sir Descroix. Mais l'émotion que cette crainte lui avait encore causée ne lui permit pas dans ce moment de continuer ce qui lui restait à dire jusqu'à son mariage avec Gustave; et comme l'heure s'avançait, le père Sostène se hâta de quitter la tour.

CHAPITRE X.

« Gustave avait cédé au profond respect qu'il avait pour sa mère; mais il ne fut pas éloigné de quelques lieues de Souvigny, qu'il ne se sentit plus la force de continuer la longue route qu'il fallait traverser pour se rendre à Arles. Il s'arrêta dans la forêt assez près de la hutte d'un charbonnier : il avait amené avec lui Gaspard, son frère de lait, qui avait été élevé dans la maison de sir Descroix, et avait profité des leçons que son jeune maître recevait et qu'il partageait avec lui : il avait un extérieur agréable, assez de ressemblance avec Gustave pour que la chronique n'eût pas quelquefois laissé entendre qu'il pouvait bien y avoir une parenté assez proche entre les deux enfans ; soupçons que les mœurs peu sévères du père de Gustave pouvaient autoriser ; quoi qu'il en soit, les deux jeunes gens s'aimaient uniquement, et Gaspard n'ignorait pas les sentimens de son maître pour la princesse, comme il avait dit au sir Descroix qu'il aimait Thérèse, fille de l'intendant de la maison, avec aussi peu d'espérance d'être à elle, que son maître en avait d'être à moi par des nœuds légitimes. Ainsi ces jeunes cœurs se communiquaient le poison dont ils avaient reçu les dangereuses atteintes.

» Gaspard, bien étonné que le sir Descroix eût cédé aussi promptement aux ordres de sa mère, et fort chagrin de s'éloigner de Thérèse, suivit la route avec beaucoup de tristesse ; aussi quand Gustave lui donna ordre d'arrêter, il se flatta bien qu'ils n'iraient pas si loin qu'il l'avait craint.

» Ayant mis pied à terre, Gustave lui dit : Va savoir si on veut nous recevoir dans cette cabane; dis que nous sommes des étrangers égarés dans la forêt, ayant le moyen de payer généreusement l'asile qu'on leur donnera pour cette nuit. — Et si ce sont des coquins, en vous voyant richement vêtu, ils vous tueront et moi aussi, pour avoir l'or que vous portez avec vous. — Je ne crains rien; la vie m'est odieuse. — Fort bien pour vous, monseigneur; mais moi, je vous dirai avec la même franchise, que j'aime la vie. — Si tu ne nous obtiens pas un toit pour cette nuit, je te préviens que je n'irai pas plus loin, et que nous la passerons sous ces arbres; je ne puis m'éloigner davantage. — Alors, monseigneur, cela est différent, et comme il est plus probable que nous serions mangés des loups plutôt que tués par nos semblables, je vais faire ce que vous désirez. Gaspard ayant attaché son cheval à un arbre, près de celui où Gustave s'était arrêté, alla frapper à la porte de la cabane. Une jeune femme vint l'ouvrir; elle portait dans ses bras un enfant, qui eut peur quand il vit Gaspard, et se mit à faire des cris qui empêchèrent sa mère d'entendre ce que lui disait le valet de sir Descroix; enfin il se calma, et la femme du charbonnier lui dit que son mari n'était pas encore rentré, et qu'elle ne pouvait pas prendre sur elle de les recevoir, parce qu'il était homme à la tuer si, en arrivant, il trouvait des hommes couchés chez lui. — Mais, des chevaux ? dit Gaspard. — Des chevaux, c'est différent ; nous avons une écurie où vous pouvez les amener ; ils trouveront de l'avoine, du foin, et une litière de feuilles sèches. Gaspard revint trouver son maître, et lui dit : Nos chevaux sont plus heureux que nous, car on craint le mari ; s'il revient et qu'il consente à nous recevoir, on viendra nous le dire.

» Gustave trouvait que c'était beaucoup de se débarrasser de ses chevaux. Gaspard les conduisit à l'écurie et leur donna à souper. La femme du charbonnier, qui se nommait Françoise, apporta aux voyageurs une grande jatte de lait et du pain bis ; ils soupèrent, et montèrent dans un chêne dont les branches s'élançaient autour de lui ; ils s'enveloppèrent dans leurs manteaux ;

et s'étant mis ainsi à l'abri des bêtes carnassières, ils résolurent d'y passer la nuit; mais Gustave se trouvait assez mal sur ces branches, que le vent agitait, pour se livrer à une conversation dans laquelle il voulait expliquer à Gaspard le plan qu'il avait conçu; il chercha le sommeil, qu'il ne trouva point, et fut forcé de se livrer aux réflexions que sa situation présente lui inspirait; heureusement que ce ne fut pas pour long-temps. Le charbonnier revint à sa hutte; il fut très-étonné de trouver dans son écurie deux beaux chevaux, et se donnant à peine le temps d'attacher son mulet, il court ouvrir la porte de sa maison, où il croit trouver les maîtres de ces beaux animaux; quelle fut sa joie! quand il vit sa femme, qui, après avoir endormi son fils, filait à la lumière de sa lampe, en attendant son retour; elle lui raconta ce qui s'était passé, et lui fit voir un carolus d'or, que Gaspard lui avait donné. Si Thomas était jaloux, il était encore plus avare. Comment, imbécile, dit-il, as-tu pu refuser de donner un asile à des seigneurs si généreux ? vois donc, s'ils t'ont donné un carolus pour avoir mis leurs chevaux à l'abri, ce que tu aurais eu, si tu leur avais donné à souper et à coucher. — Dame, j'n'avons pas osé; t'es si jaloux, si colère. — Tu ne sais ce que tu dis : allume bien vite la lanterne; mets des draps dans notre lit; fais chauffer la soupe; mets sur la table une cuisse de sanglier ; je vais chercher ces seigneurs, et si je les trouve, je les amène ici. Pendant que Françoise exécute fidèlement les ordres de son farouche et avare mari, celui-ci prend la lanterne et tourne autour de la maison, appelant les maîtres des chevaux; car il ne pouvait les désigner autrement. Gustave, qui ne dormait pas, est le premier à répondre. Thomas, qui les croyait couchés à terre, entendant la voix venir du haut d'un arbre, ne savait où les trouver; mais ils furent bientôt en bas de leur lit, qu'ils quittaient sans regret. Messeigneurs, dit le charbonnier, je vous fais bien des excuses du manque de respect de ma femme envers vous; ma maison, moi, et tout ce que je possède, est bien aux ordres d'aussi magnifiques seigneurs. — Nous n'avons pas été surpris que vous soyez jaloux de votre femme, elle est assez jolie pour cela. — Oui, jolie pour un charbonnier; mais elle devait bien penser que ce n'est pas des seigneurs comme vous, qui passez votre vie avec des reines et des princesses, qui iraient s'imaginer de troubler le ménage d'un pauvre diable; moi, je n'y aurais pas tant seulement pensé; mais venez, monseigneur, le souper vous attend. Gustave et Gaspard le suivirent; ils firent honneur au repas, m'a dit depuis Gustave, parce qu'il voyait, dans l'avarice de Thomas, un moyen assuré de réussir dans ses projets. En sortant de table, Thomas et Françoise emportèrent leur enfant, puis allèrent coucher dans l'écurie, et laissèrent sir Descroix libre d'expliquer à Gaspard son projet, dont l'exécution, rendue trop facile par l'avarice de Thomas, a été cause de notre perte.

» Je vous ai dit que Gaspard ressemblait assez à Gustave, pour que ceux qui n'avaient vu celui-ci que dans son enfance, pussent s'y tromper : ce fut sur cette ressemblance que sir Descroix établit le succès de ce qu'il avait imaginé.

» Mon ami, dit-il à Gaspard, tu aimes Thérèse ? — Ah ! monseigneur, je l'aime bien plus que moi-même. — Et tu voudrais bien l'épouser ? — Peut-on demander à la fleur que le soleil a brûlé de ses rayons, si elle désire la rosée du matin ! — Trêve de comparaison ; tu veux l'épouser ? — Oui, monseigneur ; mais cela ne dépend pas de moi, vous le savez bien. — Si tu avais une belle et bonne ferme ? — Monseigneur, je n'en ai ni une bonne ni une mauvaise, pas même un arpent de terre. — Eh bien ! je t'en promets une et un joli castel, si tu veux faire ce que je voudrais. — Si ce n'était parce qu'il me faut de la fortune pour épouser Thérèse, je vous dirais : monseigneur, ordonnez, je n'ai besoin que du plaisir de faire ce qui vous convient ; mais enfin, puisque le père de Thérèse veut que je sois riche pour épouser sa fille, j'accepte avec respect et reconnaissance ce que vous m'offrez ; dites seulement les conditions. — Les voici : Tu vas partir sur-le-champ pour Arles. — Et vous, monseigneur ? — Je reste. — Oh ! un serviteur fidèle ne doit jamais quitter son maître, à moins, cependant, que son absence ne soit indispensable au bonheur de ce maître. — Il me faudrait mourir, si je m'éloignais de l'auguste Marie ; ainsi tu vas partir pour Arles avec mes habits et la lettre de ma mère pour mon oncle : je n'avais que cinq ans lorsqu'il me vit pour la dernière fois, il ne se doutera pas de ma ruse. — Et si nous sommes découverts ? — Nous ne le serons pas, et d'ailleurs je prends tout sur moi. — Tout cela est fort bien; mais vous ne serez pas là pour empêcher monseigneur votre oncle de me faire pendre pour avoir pris le nom de son neveu. — Je te donnerai aussi une lettre pour mon oncle, en cas qu'il s'aperçoive que tu n'es pas Gustave Descroix. Enfin, je le veux; et la récompense que je te promets vaut bien ce léger sacrifice. — Oui, et Thérèse? — Tu la reverras quand tout sera fini. — Enfin, monseigneur, si je meurs de chagrin et d'ennui, vous l'aurez sur votre conscience; et puis je vais encore vous observer que je ne pourrai écrire à madame votre mère, qui connaît votre écriture. — J'y pourvoirai : j'écrirai deux ou trois lettres pour ma mère, que tu feras partir à des époques différentes, et je t'en enverrai d'autres. Gaspard voulut encore se défendre, mais Gustave refusa de rien entendre de plus; et ce pauvre garçon, qui vit bien que c'était un parti pris, se coucha pendant que Gustave écrivit ses dépêches; dès l'aurore, sir Descroix alla réveiller le charbonnier; il l'emmena à l'entrée de la forêt, et ayant fait briller à ses yeux une poignée de carolus, il les lui promit et beaucoup d'autres encore, s'il voulait le garder chez lui pendant quelques mois. Notre avare, qui ne demandait pas mieux, ne s'informa pas pour quelle raison un grand seigneur voulait rester dans la hutte d'un charbonnier, et il ne fut occupé que de la crainte qu'il ne s'y trouvât pas bien ; Gustave l'assura qu'il y serait à merveille. Dès le même jour, Gaspard partit pour Arles, sur le beau cheval que j'avais donné à son maître, et ayant ses habits, de l'or et des lettres de crédit; s'il n'avait pas aimé Thérèse, et qu'il n'eût pas craint d'être pendu, ce voyage l'aurait enchanté; mais enfin la ferme promise, qui lui ferait obtenir la main de celle qu'il aimait, le détermina.

» Gustave ne fut pas plutôt seul chez le charbonnier, qu'il se fit arranger une chambre à l'étage au-dessus pour y être libre et ne point déranger ses hôtes : un lit, une table et une chaise faisaient tout son ameublement; mais il n'en avait pas besoin de plus. Vous saurez demain, mon révérend père, de quelle manière il disposa de son temps. »

CHAPITRE XI.

Le lendemain la princesse reprit son discours.

« Avant de vous parler de ce que fit Gustave lorsqu'il fut établi dans la cabane de la forêt, je ne puis résister au désir de vous entretenir de mes douleurs. Quand je sus que sir Descroix était parti pour Arles, ne plus le voir (car cet exil me paraissait devoir être éternel), était le moindre de mes maux ; mais imaginer qu'il y avait consenti sans la moindre résistance (car sa mère s'en était vantée), me causait un désespoir dont je ne vous donnerais jamais d'idée. Je n'avais pas voulu voir Hermande de toute la soirée ni le lendemain : en vain elle me l'a fait demander, elle n'a pu l'obtenir. Je passai tout ce temps enfermée avec Bertille, qui non moins triste que moi, mêlait ses larmes aux miennes, et je croyais que ces touchantes marques de regret n'étaient occasionnées que par son attachement pour moi. Hélas ! tout est erreur sur la terre.

» J'avais fait dresser le lit de Bertille dans ma chambre, et la nuit, comme le jour, nous parlions de Gustave. La troisième journée passée sans le voir commençait, lorsqu'on vint avertir Bertille que quelqu'un la demandait. Je ne sais quel pressentiment me fit croire que ce pouvait être des nouvelles de sir Descroix. Je l'engageai à ne pas perdre de temps : elle ne fut qu'un instant ; mais comme mes femmes étaient entrées pour m'habiller, elle ne put que me faire voir une lettre qu'elle tenait cachée dans le creux de sa main. Jamais toilette ne fut plus prompte; je laissai à peine à mes femmes le temps de nouer mes cheveux, d'attacher ma robe, et je leur ordonnai de me laisser, sans souffrir qu'elles rangeassent rien de ce que j'avais quitté.

» Dès que nous fûmes seules, Bertille me remit cette lettre qui était à son adresse, mais dont la première ligne faisait assez connaître qu'elle m'était adressée : Gustave, car vous pensez bien qu'elle était de lui, me disait qu'il n'avait pu s'éloigner de moi, m'expliquait ce qu'il avait exigé de Gaspard, et me demandait si je ne lui accorderais pas le bonheur de me voir au pavillon du parc avec ma fidèle Bertille. Celle-ci soupira, et il était aisé de voir qu'elle désirait et craignait que j'acceptasse. Les lettres devaient être dorénavant mises dans un tronc d'arbre que Gustave connaissait et désignait : il devait porter ses lettres et prendre mes réponses. Je n'ai pas besoin d'ajouter qu'il m'exprimait tout ce que l'amant le plus passionné était capable de dire dans cette situation. J'en fus singulièrement touchée; et persuadée qu'il m'aimait autant qu'il m'était cher, je dis à Bertille : « Oui, sûrement, nous irons. Qui a le droit de m'en empêcher ? — Personne, me dit-elle, mais si madame Hermande le sait ? — Elle devait prévoir qu'en souffrant entre son fils et moi une si constante habitude, et cela dès notre plus tendre enfance, nous nous aimerions; à présent il est trop tard : j'aime, je suis aimée, que m'importent mon rang, ma fortune ? vivre pour Gustave, et que Gustave ne vive que pour moi, voilà ma seule, mon unique félicité. D'ailleurs, Bertille, si vous craignez de vous compromettre, j'irai seule. — Ah ! madame, je ne crains personne, je ne veux que vous faire sentir les dangers auxquels vous vous exposez; mais je suis prête à les partager. Et que m'importe la vie ? je ne puis être que malheureuse. » Elle prononça ces mots avec une expression si douloureuse, que je devinai dès l'instant son fatal secret. Je ne voulus pas néanmoins le lui faire entendre; je voulais juger par moi-même de ce qui se passerait à leur première entrevue. J'étais si ingénieuse à me tourmenter, que j'allais jusqu'à croire que peut-être c'était pour elle que Gustave était resté. Enfin je répondis, et donnai ma lettre à Bertille pour qu'elle la portât dans le chêne qui devait être dorénavant le dépositaire des expressions de notre amour mutuel; car je n'avais pas conservé long-temps la triste pensée que j'étais trahie.

» Madame Descroix se présenta pour la deuxième fois de la journée à ma porte. Je donnai ordre qu'on la laissât entrer. J'allai à elle de la manière la plus simple : Je n'ai voulu vous revoir, madame, que lorsque j'ai été certaine que je le pouvais sans manquer à la reconnaissance que je vous dois des soins que vous avez eus de mon enfance. Vous m'avez fait beaucoup de peine en éloignant sir Descroix; mais j'ai réfléchi depuis qu'une mère devait prendre toutes les mesures que la prudence exige pour garantir un fils unique d'une crainte même imaginaire: aussi l'humeur que m'a causée votre conduite à cet instant est entièrement cessée. J'espère que Gustave, dont j'admire l'obéissance, ajoutai-je en affectant un ton piqué, n'oubliera pas entièrement ses premières années, quoiqu'assurément la cour d'Arles doive être infiniment plus agréable que ce triste château. —Jamais, madame, mon fils ne peut être aussi heureux qu'il l'était près de vous. — Il y a à présumer que vous avez pensé le contraire; mais n'en parlons plus. Et prenant mon luth, je chantai un lai gaulois qui peignait l'inconstance dans des rimes aussi gaies que naïves. Ainsi je donnai le change à madame Descroix, qui se persuada que l'amour-propre blessé détruirait l'amour; et selon toutes les apparences, ce n'est pas ce qu'elle voulait. J'avais écrit à Gustave que je serais le surlendemain dans le pavillon du parc au lever de l'aurore. Mais je m'aperçois que je ne vous ai pas dit, père Sostène, de quelle manière la lettre de sir Descroix m'était arrivée.

» Vous connaissez déjà l'avarice de Thomas. Gustave lui dit : « Si on vous confiait un secret important, seriez-vous homme à le garder scrupuleusement ? — Je vous le jure, monseigneur ; mais je dois vous prévenir que comme il est de la nature humaine d'être légère, il faut mettre le plus de poids que vous pourrez. — J'entends ; il y en aura beaucoup. Ecoute ; j'aime d'amour une jeune beauté attachée à la princesse Marie de la Marche ; mon père, qui est un grand seigneur, ne veut pas que je l'épouse ; il m'a envoyé à Arles ; mais l'amour m'a fait rester ici, et je ne veux pas y demeurer sans avoir des nouvelles de ma bien-aimée. Veux-tu aller porter une lettre au château de Souvigny? — Il y a bien loin. — Tu prendras mon cheval. — Ouais! il me jetterait par terre; j'irai bien avec mon mulet. Mais, pendant ce temps, je ne travaillerai pas à mon fourneau. — Eh bien, seras-tu content avec cette somme? Et il lui donna la valeur de son fourneau en pièces d'or. — Eh! mon Dieu, oui, monseigneur, j'irai sur la tête si vous voulez. — Ecoute; c'est pour plusieurs voyages, car il faudra y aller souvent. — Tenez, monseigneur, dit-il en comptant les carolus, m'est avis que voilà bien pour cinq ou six messages. — Eh bien, oui. — Ah! Thomas, que te voilà riche! »

» Ils partirent le lendemain ensemble pour remarquer l'arbre où devaient être mises les lettres. Ils arrivèrent dans la journée assez tard, car il y avait huit lieues de forêt de Souvigny à la hutte du charbonnier. Gustave écrivit toute la nuit, et le lendemain Thomas vint apporter la lettre au château.

» Il eut bien quelque inquiétude de laisser sa femme et le gentil seigneur ensemble; mais il disait : « On n'a rien pour rien, et ce ne sera pas en restant à garder ma femme que j'aurai des poignées de carolus : d'ailleurs, si elle est sage, comme je le crois, elle ne manquera pas à sa foi; si elle ne l'est pas, j'aurais beau faire, je ne pourrais pas éviter mon sort. » Gustave entendait ce beau monologue, et ne pouvait s'empêcher de voir combien l'amour de l'or rend vil celui qui en est possédé.

» Gustave attendait avec grande

impatience le retour de Thomas. Lorsqu'il vit que je me rendais au pavillon il éprouva une joie si vive, qu'il aurait volontiers, me disait-il, embrassé le charbonnier. Il ne pouvait partir que le soir pour être au milieu de la nuit près des murs du parc, où était une petite porte qui se fermait en dedans par des verroux, qu'il pensa bien que Bertille aurait ouverte. Il ne savait pas tout ce qu'il faisait souffrir à cette belle personne, car elle ne lui avait jamais (m'a-t-elle dit) laissé entrevoir ses sentimens pour lui. Gustave avait beaucoup d'amitié pour Bertille ; il savait la confiance que j'avais en elle ; ainsi il était tout simple que ce fût à elle qu'il se fût adressé pour me faire parvenir sa lettre. Pour moi, je comptais les minutes qui devaient nous réunir. De la tourelle dont j'ai parlé on gagne un escalier à demi ruiné qui descend dans le jardin, fermé par une porte en dedans avec une barre de fer assez lourde; mais aidée de Bertille, nous vînmes à bout de la lever, et nous voilà sur la terrasse. Le ciel était paré de ses belles couleurs pourprées qui dans les beaux jours annoncent l'aurore. « Hâtons-nous, disais-je à Bertille, avant que les ouvriers descendent dans les jardins. » Je m'appuyais sur son bras, et je sentais qu'elle tremblait. « Mon Dieu, me disais-je, elle aime Gustave; il n'est plus possible d'en douter : en est-elle aimée ? » J'entrai dans le pavillon, et elle alla ouvrir la porte. Ce moment fut cruel pour moi; je craignais qu'elle n'y trouvât Gustave, qu'ils n'eussent le temps de préparer ce qu'ils devaient dire de vant moi. Mon inquiétude devint si vive, que je ne pus rester en place; et courant après Bertille, je la rejoignis avant qu'elle fût à la petite porte. Elle fut étonnée de me voir si près d'elle : J'ai eu peur, lui dis-je, quand je me suis trouvée seule dans le pavillon, le jour y pénétrait à peine. Bertille parut persuadée de ce que je lui disais et ne répondit rien; mais sa poitrine était oppressée; elle respirait avec peine. Elle tira les verroux, entr'ouvrit la porte et nous retournâmes très-promptement au pavillon. A peine fûmes-nous arrivées, que nous entendîmes les pas de Gustave, car au battement de mon cœur, ce ne pouvait être que lui. Le jour éclairait le pavillon, et ce que vous croirez difficilement, c'est qu'au moment où je revoyais l'objet qui m'était si cher, je fus moins occupée du bonheur de me retrouver près de lui que d'observer quelques signes d'intelligence entre lui et Bertille, tant je craignais qu'elle ne fût ma rivale ; mais il me parut si transporté de joie en me voyant ; il se jeta à mes pieds avec une telle ardeur, que je ne pus douter que c'était moi seule qu'il venait chercher dans ce mystérieux rendez-vous. La pauvre Bertille, pâle, tremblante, me parut ce qu'elle était en effet, passionnément éprise de Gustave, mais sans espoir d'aucun retour. Je la plaignis autant qu'une amante préférée peut plaindre une rivale que son amant dédaigne, et la plus parfaite sécurité s'établit dans mon cœur.

» Je respecte trop, mon révérend père, la gravité de votre état, l'innocence de Claudine, pour vous rapporter tout ce que la vivacité de l'amour de Gustave lui inspira. Je ne cherchai point à dissimuler combien j'y étais sensible, mais je ne lui donnai aucune espérance; car je ne prévoyais pas alors que je pusse me décider à l'épouser : il n'y prétendait pas non plus ; mais nous nous jurâmes de nous aimer jusqu'à notre dernier soupir, et de chercher tous les moyens de nous rapprocher. En attendant il fut convenu qu'il ne se passerait pas de semaine qu'il ne vînt au pavillon : il n'osa rien demander de plus, et nous nous séparâmes heureux de notre amour, et plus encore du sentiment de la vertu la plus pure. Je lui promis de lui écrire dans l'intervalle de ses voyages, et qu'ainsi nous ne serions pas plus de quatre jours sans nous donner des preuves de notre mutuel attachement.

» Soit que Bertille craignît que l'on vînt nous surprendre, ou qu'elle ne pût plus résister au trouble de son âme, elle me fit observer que sûrement on me cherchait dans les jardins, et que madame Descroix pouvait venir. Je me levai aussitôt, et engageai Gustave à sortir; ce qu'il fit, non sans peine. Lorsque je fus sûre qu'il avait quitté le parc, j'allai avec Bertille fermer la porte, et nous remontâmes dans mon appartement sans rencontrer personne. Je repassai dans ma chambre comme si je sortais de la tourelle, où il était censé que je m'étais enfermée avec Bertille pour travailler, et personne, pas même madame Descroix, n'eut le moindre doute que je fusse sortie du château.

CHAPITRE XII.

« Bertille m'avait paru tellement oppressée pendant le temps que j'avais passé avec Gustave, que je me persuadai qu'elle serait beaucoup moins malheureuse si je pouvais la déterminer à me confier son secret. J'y avais un intérêt personnel ; je voulais être certaine que Gustave n'avait eu aucun tort avec elle. Je me décidai donc la nuit suivante à lire dans son âme. Rarement je me mettais dans mon lit pendant que mes femmes étaient encore dans ma chambre ; lorsqu'elles m'avaient déshabillée, je les renvoyais pour rester seule avec Bertille.

» Le même soir que j'avais vu Gustave, et que la tristesse de Bertille en était redoublée, je la fis asseoir près de moi ; et prenant ses mains dans les miennes : « Chère Bertille, lui dis-je, je vous aime, et vous êtes malheureuse. — Hélas ! oui, reprit-elle en fondant en larmes, mais je ne le serai pas toujours ; la raison me guérira. — Eh quoi ! lui dis-je, ne pouvez-vous pas épouser celui que vous aimez ? — Ah ! madame, vous le connaissez bien, et vous ne voudriez pas qu'il consentît à s'unir à moi ; et lui-même, le voudrait-il ?.... — Ma chère Bertille, il est bien fâcheux que je trouve en vous une rivale. — Madame, vous n'en avez jamais eue ; moi seule, pauvre infortunée, j'ai pu aimer celui qui n'a pas seulement aperçu qu'il ait fait le moindre progrès sur mon cœur ; mais le voyant aussi peu empressé auprès de mes compagnes, je me flattais que peut-être un jour il m'aimerait. Jugez, madame, ce que j'ai pu souffrir lorsque vous m'avez dit que vous l'aimiez et qu'il vous adorait! A cet instant j'ai cru mourir, mais c'est aussitôt que je me suis dévouée à vous comme à une partie de lui-même : je me suis promis de l'aimer uniquement en vous. J'ai, je l'avoue, beaucoup souffert ce matin ; la douloureuse comparaison de sa profonde indifférence pour moi, et de la vivacité de son amour pour vous, m'a fait beaucoup de mal ; mais ce sont les derniers efforts d'une passion insensée dont je saurai me rendre maîtresse. — Quoi! jamais, lui dis-je, il ne vous a donné occasion de lui laisser entrevoir qu'il vous était cher? — Jamais, madame ; il a passé près de moi sans me voir : je ne m'en étonne plus, il vous aimait. »

» Je témoignai à Bertille combien

j'étais sensible à sa confiance : je l'assurai que j'emploierais tous mes soins à la dédommager du mal que je lui avais fait en lui enlevant le cœur de Gustave; et en effet je la comblai de présens et de témoignages de bonté ; mais elle n'en était pas plus heureuse, quoiqu'elle fît tout ce qu'elle pût pour le paraître.

» Plusieurs fois j'avais joui du bonheur de voir Gustave, et toujours je l'aimais plus tendrement, et son amour aussi passionné que tendre ne s'écarta jamais des bornes du plus profond respect. Je sus par lui que Gaspard était arrivé à Arles, et que le vieil oncle était enchanté de son neveu. Déjà Gaspard avait envoyé une lettre de Gustave à sa mère, et madame Descroix pouvait se vanter d'avoir un fils bien soumis.

» Le vieux Talérac, comme vous

vous en souvenez, partit pour Paris, où il désirait rencontrer le comte de la Marche; mais ce prince était allé faire un voyage dans le Hainault; et sir Talérac n'osant revenir sans lui à Souvigny, attendit son retour dans la capitale. Le comte y revint, et mon vieil écuyer se trouva à l'instant où il arrivait au Louvre. « Qui vous amène ici, mon cher Talérac? — Je l'apprendrai à monseigneur s'il daigne m'entendre seul. » Et ayant obtenu une audience particulière, il apprit, ou crut apprendre à mon frère ce qui se passait à Souvigny. Le comte entra dans une grande colère, et jura de faire enlever la mère et le fils, et dit qu'après qu'il aurait réglé des affaires qu'il avait à Paris, il partirait pour le Bourbonnais. Talérac lui demanda la permission de l'accompagner; ce qu'il lui accorda. Et en effet, un jour que j'avais eu le bonheur de voir mon cher Gustave, j'appris en rentrant chez moi que le comte allait arriver et Talérac avec lui. Mon premier mouvement fut de renvoyer sur-le-champ mon vieil écuyer; mais comme je pensai que je serais toujours à même de le faire quand le comte serait parti, je pris sur moi de dissimuler mon mécontentement. J'allai au-devant de mon frère avec madame Descroix, Bertille, et toute ma maison, à plus d'une lieue de Souvigny.

» Le comte, en m'apercevant, fronça le sourcil, et son abord, toujours assez désagréable, me parut encore plus sinistre que je ne l'avais trouvé jusqu'alors. Cependant madame Descroix lui dit des choses si flatteuses, que son front s'éclaircit un peu, surtout lorsqu'il lui eut demandé où était son fils. « A Arles, monseigneur, chez mon oncle. — Je le croyais l'un des pages de ma sœur. — Il a eu cet honneur ; mais il était temps qu'il gagnât ses éperons, et il ne pouvait être sous un meilleur maître que le sir de Saint-Vincent, le plus noble et le plus brave chevalier de sa province. — J'en ai entendu parler avec éloge. » J'examinais la physionomie de Talérac pendant cette conversation, et je le voyais changer de couleur : sa confusion commençait ma vengeance, et, pour mon malheur, la satisfit ; de sorte que je ne pensai plus de ce moment à éloigner un homme dont le zèle amer, et plus encore le désir de nuire à Gustave, m'a fait tant de mal.

» Le comte voyant que Talérac

s'était trompé, ou que madame Descroix, aussi clairvoyante que lui, avait senti le danger d'une passion qui ne pouvait qu'être funeste, avait éloigné son fils, reprit, sinon un ton aimable (cela lui était impossible), mais du moins calme et poli. Il donna, pour prétexte de son voyage, l'avertissement que Talérac était venu lui donner qu'il y avait des loups cerviers dans la forêt qui étaient fort dangereux, et que sachant que je chassais souvent, il avait craint que je ne m'exposasse à leur voracité; qu'en conséquence il allait faire publier dans le Bourbonnais et la Marche que tous les hommes en état de porter les armes eussent à se rendre au château de Souvigny; que pendant un mois consécutif, on chasserait le loup dans toutes les forêts de cette province, et que quiconque ne se rendrait pas à cette invitation serait à l'amende, et s'il ne payait pas, en prison.

» Je sentis aussitôt le danger et l'abus de cette mesure, et je ne savais comment faire parvenir à Gustave ces dangereuses nouvelles, puisqu'il ne devait envoyer son hôte que dans trois jours à l'arbre creux. Je passai la journée dans une cruelle agitation, que je dérobais soigneusement, car le comte m'examinait avec une curieuse attention. J'avais donné ordre que l'on se rendît dans tous les châteaux des environs pour engager les chevaliers et leurs dames à un grand repas avec monseigneur de la Marche. Parmi ceux qui s'y rendirent, il y avait le jeune Sigebert, sir de Courteille, qui aimait Bertille comme Bertille aimait Gustave, et qui eut pour elle affronté les plus grands périls. Elle saisit un instant pour me dire qu'elle se chargeait de faire porter une lettre que j'écrirais à Gustave à la hutte du charbonnier, et qu'il aurait cette lettre au lever du soleil. Je passai chez moi pour m'habiller avant le dîner : j'écrivis à Gustave pour le supplier de s'éloigner pendant un mois de la forêt; que je le lui demandais au nom de notre amour, et que dès que le comte serait parti, j'en instruirais Thomas. Je donnai ma lettre à Bertille, et elle trouva l'instant de la remettre au sir de Courteille, à qui je lui avais permis de dire que c'était moi qui le priais de me rendre cet important service. J'étais sûre de la parfaite discrétion de Sigebert et de son amitié pour Gustave; ainsi j'étais certaine de son zèle. En effet, il ne retourna point au château de Courteille, mais se rendit directement à la cabane, où Gustave fut bien étonné de le voir. Il lui expliqua ce que ma lettre ne faisait qu'indiquer; et quoique le sir Descroix eut beaucoup de peine à se décider à s'éloigner, il le lui persuada en lui offrant de l'emmener avec lui dans son château, et de le cacher de manière à ne pouvoir pas être découvert tout le temps que le comte de la Marche serait à Souvigny; ce qu'il accepta. Sigebert passa la journée à la cabane, puis les deux amis partirent pour Courteille; ils n'y arrivèrent qu'à la nuit. L'amant de Bertille fit rester Gustave à la porte d'une tour qu'il vint lui ouvrir peu de temps après; et l'ayant fait monter sans lumière un assez grand nombre de dégrés et traverser, dans la même obscurité et en silence un fort long corridor, il arriva dans une petite chambre quarrée, dans laquelle se trouvaient un lit de velours noir dont les rideaux, qui étaient fermés, étaient brodés de têtes et d'ossemens de morts sur un fond parsemé de lames d'argent, une lampe allumée, un grand crucifix. « Voilà, dit Gustave à Sigebert, un appartement bien gai : et qui diable occupe ce catafalque ? — Mon frère. — Il a là un singulier goût. Mais, s'il vient ? — Il ne viendra pas ; il est tout venu. — Que veux-tu dire ? — Que mon frère est mort, et que sa veuve, qui l'adorait de son vivant, n'a pas voulu s'en séparer à sa mort ; de sorte qu'elle l'a fait embaumer comme le sont les momies d'Egypte et coucher dans ce lit, devant lequel cette lampe brûle sans cesse. Dans les commencemens elle s'enfermait dans cette chambre la plus grande partie du jour. Tout s'use, et surtout la douleur; à présent elle y vient rarement, et plus, je crois, par respect que par sentiment. — Mais, enfin, si elle venait? — Tu passerais sous les rideaux, que sûrement elle n'ouvre jamais. — Est-elle jolie? — Extrêmement, et son plus grand embarras, je crois, est de passer des éclats d'une douleur inconsidérée à de secondes noces avec un beau chevalier qui lui fait une cour assidue; ainsi il n'y a pas à craindre qu'elle vienne te troubler. — Et le mort? — Je te crois trop de raison pour redouter ces tristes restes qui, séparés de l'âme, ne sont plus capables ni d'amour ni de haine; mais comme tous n'ont pas reçu une éducation qui les mette à l'abri de la superstition, il n'y a que madame de

Courteille et l'aumônier qui oseraient entrer ici, quoique la clef soit toujours à la porte : ainsi, tu y seras tranquille ; et je t'apporterai tous les soirs ce dont tu pourras avoir besoin ; car depuis la mort de mon frère je suis le maître de ce château ; ma belle-sœur a le droit d'y demeurer ; mais je me trompe fort, ou cela ne sera pas long. — Mais, où me coucherai-je ? — Nous allons ôter le mort, que nous mettrons entre le lit et le mur : du reste il n'y a pas à craindre de mauvais air ni de mauvaise odeur, car il est enveloppé dans plus de cent livres de parfums. » Ils prirent donc le cercueil qui contenait Réné de Courteille, et ils le placèrent au chevet du lit ; et Gustave, après avoir soupé, se coucha, et dormit très-bien. »

CHAPITRE XIII.

» Plusieurs jours s'ecoulèrent ainsi; Sigebert venait passer avec son ami une partie des nuits, et ils s'entretenaient de leurs amours : l'un gémissait de ne pouvoir se flatter d'être heureux, puisqu'il y avait une trop grande distance entre lui et moi; l'autre ne pouvait obtenir le consentement de sa mère pour demander la main de Bertille, parce que cette dame trouvait que ce n'était pas un bon mariage pour son fils, et ils se promettaient tous deux que s'ils pouvaient engager leurs maîtresses à s'unir à eux, ils passeraient en Italie, où ils ne craindraient plus personne. Sigebert était loin de penser que cette Bertille, qu'il aimait tant, ne partageait point ses sentimens.

» Gustave commençait cependant à s'ennuyer; et cette chambre lugubre l'attristait au point, qu'il était résolu de retourner chez le charbonnier; et une nuit, comme il était décidé à le déclarer à Sigebert la première fois qu'il le verrait, il entend marcher dans le corridor; il ne conçoit pas qui peut venir : Sigebert l'avait quitté il y avait au plus une heure. Les pas approchaient; on va entrer. Il ne trouve d'autre moyen que de se coucher dans le lit en se recouvrant la tête avec le drap mortuaire. A peine était-il en place, que la porte s'ouvre, et il entend une voix très-douce qui disait à une autre personne : « Je ne vous dissimule pas que je vous aime mille fois plus que je n'avais adoré

Réné; mais comment, après avoir dit que je ne me remarierais pas, puis-je recevoir vos vœux, vous donner ma main? — Je vous l'ai dit, il faut vous le faire ordonner par le défunt; rien d'aussi facile. Je vais me cacher sur le lit; demain vous viendrez ici avec l'aumônier, vos écuyers, vos demoiselles; vous parlerez au mort de la douleur où vous êtes de manquer à la parole que vous avez donnée à ses mânes, mais que l'intérêt de deux familles, la fin d'un grand procès, etc., etc.; alors je parlerai en son nom. — Cette ruse offensera peut-être Réné. Je vous avoue que je ne suis pas très-rassurée; et s'il allait au contraire me défendre.... — En vérité, ma chère Emilie, je ne vous croyais pas capable d'une crainte aussi ridicule : je vais prendre mon poste; retournez dans votre appartement, et demain vous viendrez consulter un oracle que vous savez bien ne pouvoir que vous être favorable. » Et en disant ces mots, il entr'ouvre le rideau et veut monter sur le lit. Alors Gustave se levant sur son céans, lui crie d'une voix sépulcrale : « Téméraire ! oses-tu bien troubler mon repos ? » A ces mots le chevalier se laisse tomber à la renverse en faisant des cris lamentables ; Emilie perd connaissance, et Gustave se remet dans le lit sans remuer. Le chevalier revint à lui, et il employa tous ses soins à rendre la vie à celle qu'il adore, se trouvant dans le double embarras, ou de la laisser sans secours, ou d'être trouvé seul avec elle au milieu de la nuit. Enfin elle entr'ouvre la paupière, et dit à son amant : « Nous avons bien mérité ce terrible évènement. Partez, chevalier, ne vous exposez pas plus long-temps à la colère céleste. Je vais regagner mon appartement ; demain, je ferai un service solennel pour apaiser les mânes de mon époux. » Gustave avait grande envie de la rassurer ; mais le danger qu'il courait le retint : le chevalier jura qu'il irait à Rome pour expier leur crime, et qu'ensuite le ciel ne s'opposerait pas à leur union.

» Emilie, tremblante et se soutenant à peine, sortit de la chambre avec son chevalier ; pour Gustave, le danger qu'il avait couru le dégoûta de ce funèbre logement. Il raconta cette histoire à Sigebert, qui en rit ; et voyant que son ami ne voulait plus rester dans la chambre mortuaire, il l'emmena dans la sienne, après avoir replacé le pauvre René sur son lit. Sa veuve, sans parler du chevalier, dit que son époux lui avait apparu pour demander des prières, et lui ordonner de le faire enterrer dans la sépulture de ses pères. Le lendemain il y eut un grand service, et à la suite on descendit Réné, sir de Courteille, dans le caveau : Je ne sais, me disait Gustave, si le chevalier a été à Rome, mais ce dont je ne doute pas, c'est que deux mois après Emilie quitta le château de Courteille et ne revint plus dans le pays. Pendant que Gustave vengeait les mânes de sir de Courteille, je tremblais qu'il ne fût exposé à la colère de mon frère; et j'attendais avec une grande impatience des nouvelles. Enfin Sigebert apporta une lettre, qu'il remit à Bertille, et j'éprouvai une grande joie en apprenant qu'il était en sûreté. Les chasses se continuaient avec une grande magnificence ; il y avait partout où le prince s'arrêtait une table de cent couverts. Ces chasses eurent l'utilité de délivrer ces contrées d'une grande quantité de loups; mais le comte avait bien plus de désir de trouver la retraite de Gustave que de détruire ces bêtes carnassières. Talérac, qui me connaissait parfaitement, et qui ne me voyait pas l'air triste que j'aurais eu certainement si Gustave eût été absent, assurait le comte que sûrement sir Descroix était resté dans les environs; alors, pour avoir un prétexte de faire une recherche dans toutes les habitations du voisinage, il conçut avec mon frère une ruse atroce. Ils allèrent un jour tous deux à la chasse à l'arc, et revinrent peu de temps après ayant leurs habits déchirés et leurs armes brisées : l'un et l'autre dirent qu'un jeune homme, qui pouvait avoir au plus vingt ans, avait attaqué le prince, l'avait saisi par le milieu du corps et l'aurait renversé si Talérac n'était pas accouru à son secours pour donner au prince le moyen de se défendre ; mais qu'il n'y avait aucun doute que ce scélérat en voulait à la vie du comte, et qu'il n'avait lâché prise qu'au moment où des chasseurs sortaient du bois. Le signalement que le comte et Talérac donnaient du prétendu assassin était tellement semblable à celui de Gustave, que j'en fus visiblement troublée, et que sa mère l'eût été aussi, si elle n'eût pas cru avoir la certitude que sir Descroix était en Provence ; car elle en avait reçu une lettre le matin en réponse à la sienne. Mais si la tranquillité d'Hermande la justifia entièrement dans l'esprit de mon frère, elle ne lui fit que plus remarquer mon agitation, et il en conclut, avec son complice, que je savais sûrement Gustave caché près de Souvigny, et que mon inquiétude montrait que je le croyais capable du crime que mon frère avait inventé. Il n'en fallut pas davantage pour faire publier dans toute l'étendue de ses terres et des miennes, que l'on eût à dénoncer un scélérat qui avait voulu assassiner le prince ; on lui donnait le signalement de Gustave, et on publia cette ordonnance sur les places publiques et aux prônes.

» Ah ! qui pourra peindre la douleur que j'éprouvais ? j'étais bien sûre que Gustave était innocent, mais il n'en était pas moins vrai que si on le trouvait caché il était perdu.

L'amour-propre de Talérac avait été vivement blessé, selon toute apparence, des railleries du prince lorsqu'il ne trouva pas sir Descroix à Souvigny. Ce méchant vieillard, craignant en outre de perdre la confiance du prince, avait un grand intérêt à découvrir mon malheureux ami; il ne cessait de faire les plus grandes perquisitions, et ne rencontrait aucune trace. Enfin, pour mettre le comble à mes alarmes, j'appris que le comte allait chasser aux environs de Courteille, et qu'il devait faire l'honneur à Sigebert d'aller dîner chez lui. L'aventure du revenant avait fait assez de bruit: on s'était rappelé que sir de Courteille veillait tard; on avait entendu des pas dans le corridor qui donnait au-dessus de la chambre de mad. de Courteille; des morceaux de viande

8.

entiers disparaissaient à l'office, et le sommelier trouvait tous les jours des bouteilles de vin de moins. On en avertit Sigebert, qui répondit qu'il fallait que tout le monde vécût; que cela ne valait pas la peine de s'en occuper. On conclut de là que le sir de Courteille avait une maîtresse qu'il cachait chez lui et qu'il nourrissait secrètement. Mais quand l'ordonnance parut, et qu'on sut qu'elle portait l'ordre de révéler, sous les peines les plus graves, où se cachait le prétendu assassin du comte, les valets de Sigebert commencèrent à se demander s'ils ne devaient pas prévenir leur maître que leurs consciences les engageaient à dire au prince ce qu'ils soupçonnaient. Le sir de Courteille était doué d'une grande présence d'esprit; il leur dit qu'ils feraient bien;

mais comme son témoignage aurait plus de poids que le leur auprès du prince, il se chargeait de raconter au comte de la Marche tout ce qui s'était passé depuis l'apparition du spectre. Ses gens le croyant dans la disposition de tout apprendre au prince, ne pensèrent plus à leurs dépositions.

« Mon frère arriva à Courteille avec Talérac, qui ne le quittait pas d'un instant ; il fut reçu avec les plus grands honneurs. Pendant le dîner il demanda à Sigebert s'il avait entendu parler du danger qu'il avait couru. « J'ai entendu lire, monseigneur, votre ordonnance, et je vais, quand vous le désirerez, m'y conformer en vous faisant ouvrir les portes de toutes les chambres de ce château. Je vous dirai cependant qu'excepté le conte absurde qui a voulu que mon frère fût revenu du purgatoire pour demander des prières, je n'ai rien vu ici digne de remarque. » Le comte de la Marche avait la faiblesse de craindre les esprits; et on ne pouvait l'engager plus sûrement à ne pas faire un long séjour dans le château de Courteille, qu'en lui disant que Réné y avait apparu à sa veuve. Les jours étaient déjà assez courts : le prince ne voulait pas rester la nuit à Courteille, temps, comme l'on sait, que les revenans prennent ordinairement pour leurs courses vagabondes. Le sir de Courteille, qui avait bien vu que le comte n'avait pas entendu sans une grande émotion son récit, y ajoutait des circonstances plus alarmantes. « Chaque jour, dit-il, on assure que mon frère visite l'office et les celliers; on m'a prévenu, que les portes fermées, on s'emparait.... — C'est assez, sir de Courteille; dites que l'on selle mes chevaux. Talérac, je veux retourner ce soir à Souvigny. — Monseigneur ne veut donc pas faire faire aucune recherche ? — Non, je m'en rapporte à vous. Amène-t-on mes chevaux ? — Oui, monseigneur. » Et sans se donner le temps d'en dire davantage, il monta à cheval pour retourner à Souvigny au grand galop, croyant toujours que l'âme du seigneur de Courteille le poursuivait. Mais comme il se pouvait, que revenu de cette sotte frayeur, il envoyât Talérac faire une visite dans le château, Sigebert en sortit la nuit même avec Gustave, qu'il reconduisit chez son charbonnier. Celui-ci le reçut avec une grande joie. Le prétendu assassin ne se trouva pas, et le comte reprit le chemin de Paris.

» Il nous laissa jouir encore de quelques momens de bonheur, qui devaient être payés si cher, et qui furent encore violemment troublés par les machinations de Talérac, dont la méchanceté croissait avec la difficulté qu'il avait à prouver au comte qu'il ne s'était pas trompé. Il lui conseilla d'écrire à Arles pour savoir si réellement Gustave était chez le sir de Saint-Vincent; quant à lui, il resta auprès de moi pour épier toutes mes actions, et en rendre compte à mon frère. Je ne pouvais faire un pas, ni Bertille, que nous ne le trouvassions sur nos traces; ce qui me le rendait insupportable, et cependant je n'osais l'éloigner précisément à cause de la confiance que le comte de la Marche avait en lui. J'ai toujours pensé qu'il avait trouvé le secret de notre correspondance ; mes lettres me parurent avoir été ouvertes ; et ce qui me le fait croire, ce fut le malheur qui nous arriva peu de temps après ; je dis à nous, car pouvions-nous supporter l'idée d'être la cause innocente des maux dont Gaspard fut frappé sans en être sensiblement touchés ? Mais je sens qu'à ce souvenir mes larmes sont prêtes à couler. Je m'arrête.

» La soirée s'avance. Demain, mon père, je vous raconterai tout ce qu'un serviteur fidèle a souffert pour nous, mais sans que j'aie pu l'en dédommager, sans avoir pu apprendre que Gustave ait été à ce sujet plus heureux que moi. Ah ! lorsque par un miracle de la Providence, dont je ne puis me flatter, je serai réunie à mon époux, quels sujets de douleur il me resterait encore ! »

Tergaste entra, et le vénérable Sostène sortit.

CHAPITRE XIV.

» JE vous avais dit hier, mon ré-vérend père, que Talérac avait engagé le comte à écrire à Arles au baron de Saint-Vincent. Celui-ci, très-flatté de la bonté du prince, se hâta de lui répondre qu'en effet il avait son neveu avec lui, dont il était parfaitement content, et que ce jeune homme annonçait les plus heureuses dispositions. « Vous voyez, écrivait apparemment mon frère à mon traître d'écuyer, que Gustave est bien à Arles, et que vous me troublez par vos visions fallacieuses. » Et ce qui me fait croire que le comte lui avait écrit de ce ton, ou très-approchant, c'est la tristesse dont Talérac parut frappé pendant près d'un mois. Mais enfin, soit qu'il eut trouvé une de mes lettres ou une de Gustave, il reprit le ton avantageux que la confiance du prince lui donnait.

Ce ne pouvait être que d'après la certitude que Gustave était près de moi, qu'il inspira à mon frère la fatale idée de demander au baron de Saint-Vincent de lui envoyer son neveu. Le baron, bien étonné de cette extrême faveur du prince, n'hésita pas un instant à donner l'ordre au pauvre Gaspard de partir, et il le fit accompagner par deux hommes en qui il avait la plus grande confiance. Gaspard n'avait point de lettre pour sa prétendue mère qui pût servir dans un semblable évènement; il se contenta seulement de l'écrire à Gustave pour lui demander de lui en envoyer une dans laquelle il rendrait compte de la manière dont il se trouvait à la cour de Charles VI. Cette lettre arriva à Gustave la veille qu'il devait venir dans le pavillon : il me l'y apporta ; elle nous causa à tous trois une grande inquiétude. Combien nous maudîmes la ruse qui nous mettait dans un si funeste embarras ! car il était impossible qu'elle ne fût pas découverte. Le comte n'avait pas été si loin pour ne pas perdre Gustave; nous ne doutions pas qu'il amènerait Gaspard à Souvigny, que sa prétendue mère ne le reconnaîtrait pas; alors que pourrait répondre cet infortuné ?

» Gustave voulait partir, se mettre dans les mains de mon frère, et délivrer Gaspard. Sans le prétendu assassinat dont le comte feignait d'accuser un individu qu'il lui avait plu de revêtir de la ressemblance de

Gustave, j'aurais peut-être consenti à ce généreux dévouement ; mais mourir d'une mort infamante, lorsque l'on est innocent, est le dernier degré du malheur. Je fis donc promettre à mon ami de ne pas s'y exposer, et nous l'engageâmes, Bertille et moi, à écrire à Gaspard de profiter du premier moment de liberté qu'il pourrait avoir pour fuir. Hélas! il n'en était plus temps ; à peine arrivé à Paris, il fut présenté au prince, qui, dans sa profonde noirceur, parut le voir avec plaisir, et n'avoir aucun doute qu'il ne fût pas Gustave; il le nomma son écuyer, et en conséquence il lui déclara qu'ayant un voyage à faire il le suivrait. Gaspard donna entièrement dans le piége et se crut aussi en sûreté à Paris qu'à Arles; mais quand il vit que l'on prenait la route de Souvigny, toute sa confiance l'abandonna ; il fit l'impossible pour fuir, mais ce fut inutilement, et enfin nous le vîmes arriver à Souvigny avec le prince, au moment où Hermande venait d'apprendre qu'il était à Paris. Qui pourrait tromper les yeux d'une mère ? madame Descroix vit bien que ce n'était pas Gustave ; mais elle n'osa, au premier moment, le faire connaître dans la crainte de compromettre son fils ; mais je vis bien tout ce qu'elle souffrait. Madame, lui dit le comte, vous m'avez, je crois, quelque obligation de vous avoir amené votre fils. Elle s'inclina profondément et ne répondit rien. Gaspard se vit perdu, et ne chercha qu'à sauver son maître ; et au moment où nous ne savions comment se terminerait cette scène, il tomba aux genoux du prince. « Monseigneur, dit-il, je suis un malheureux à qui il ne reste plus qu'à implorer votre clémence : je ne suis point Gustave ; hélas ! ici tout vous l'attestera. Mais ne me demandez pas où est mon maître, voilà ce que je ne pourrais vous dire, car je l'ignore. — Tu ne sais pas quels lieux habite celui qui ne se cache que pour attenter sans péril à ma vie ; je te le ferai bien savoir, et tu ne reverras le jour que lorsque tu m'auras déclaré sa retraite. » Et aussitôt il donna ordre que l'on descendît ce malheureux dans les cachots qui sont sous les tours de Souvigny ; puis, s'adressant à madame Descroix, qu'une terreur subite avait saisie : « Je ne veux pas imaginer, madame, que vous trempiez dans un complot que votre fils a conçu sans votre participation, je veux le croire ; mais il est temps qu'une aussi pitoyable intrigue soit terminée. Vous allez sur-le-champ partir pour l'abbaye de Chelles avec la princesse ; là elle apprendra les ordres de la reine. » Il m'est impossible, ajouta Marie, de suivre ce triste récit. Qui peindra la stupeur dont nous fûmes frappés ! Hélas ! je crois encore entendre ces paroles foudroyantes retentir à mon oreille. Laissez-moi me reposer un instant. » Et Marie ayant encore retrouvé des larmes pour pleurer ses douloureuses et anciennes infortunes, elle garda le silence pendant quelque temps, puis elle reprit : « Je me jetai dans les bras de madame Descroix. Ah ! mon amie, lui dis-je, ne m'abandonnez pas. — Moi ! madame, pouvez-vous en avoir la pensée ! » Je fis d'inutiles efforts auprès du comte pour obtenir la liberté de Gaspard. « Je la lui rendrai, me dit-il avec l'accent de la fureur, quand il m'aura dit où est Gustave, qui viendra prendre sa place, et bénissez la clémence de la reine qui a bien voulu adoucir le sort que vous méritiez; mais songez que si vous ne vous conformez pas aux ordres de votre souveraine, un cachot sera votre asile. »

» J'allais lui répondre avec toute la fierté de mon caractère, mais madame Descroix me supplia de me contraindre. Je crus voir dans sa modération quelque chose qui ne me paraissait pas naturel, et je me flattai qu'elle n'était pas si contraire que je l'avais cru à mes sentimens pour son fils. Je me tus, et je considérai avec moins d'effroi que je le croyais les apprêts de mon départ, qui furent très-prompts. Je ne revis pas mon frère, et Talérac n'osa se présenter devant moi. J'emmenais Bertille et une de ses compagnes, mes femmes de service. Je donnai à ceux de ma maison qui ne me suivaient pas, tout ce que j'avais d'or et de bijoux ; hélas ! je n'ai pas revu un seul de ces fidèles serviteurs. Plusieurs litières couvertes étaient préparées ; madame Descroix me dit qu'elle me laissait le choix de la personne qui devait m'accompagner : je nommai Bertille ; elle prit avec elle cette autre demoiselle dont je viens de parler, qu'elle aimait beaucoup. Je ne doutais pas que Bertille n'eût bien des choses à m'apprendre.

» Par un bienfait de la Providence, le sir de Courteille était à Souvigny au moment où le comte arriva chez moi. Bertille avait eu le temps de lui dire de faire partir

Gustave, et qu'il ne tentât rien avant qu'elle lui eût fait passer mes ordres. Voilà ce que je sus dès que nous fûmes montées en litière, ce qui me tranquillisa beaucoup. Elle était aussi convenue avec Sigebert qu'elle lui ferait passer mes lettres à Courteille dès qu'elle aurait pu s'assurer de la fidélité de quelqu'un des domestiques de l'abbaye ; elle m'apprit encore que madame Descroix avait eu soin de recevoir de mon intendant, six mois de mon revenu, en or ; car elle avait bien pensé que, m'étant dépouillée de tout, je n'aurais aucun moyen d'échapper à mon tyran ; elle n'appelait jamais autrement le comte de la Marche ; Bertille me fit voir le coffret qui contenait mon trésor : ces marques d'un intérêt si tendre me touchèrent sensiblement ; je remerciai la Providence de m'avoir donné des amies si fidèles, et qu'elle eût inspiré à mad. Descroix l'idée de me laisser faire le voyage avec Bertille. Je ne pénétrais pas encore dans sa politique, mais peu de temps après les motifs m'en furent connus.

» Nous fûmes plusieurs jours à parcourir la route de Souvigny à Chelles; nous nous réunissions avec madame Descroix à l'heure des repas et du sommeil; je ne l'avais point encore vue si affectueuse, si indulgente avec moi; elle me parlait de Gustave avec une grande tendresse, se plaignant de ce que le sort l'avait forcée à faire partir son fils pour Arles; que, selon toute apparence, il avait craint de s'ennuyer chez son vieil oncle, que c'était pour cela seul qu'il avait fait jouer à ce pauvre Gaspard cette comédie dont l'issue est bien malheureuse. Elle ne parut pas croire que j'entrais en rien dans cette intrigue, ce qui m'étonnait d'après la pénétration que je lui connaissais. Je n'avais rien à lui dire, puisqu'elle ne me demandait rien, et nos conversations se bornaient à plaindre Gaspard, et à dire combien il serait dangereux que Gustave s'exposât à la colère du prince, qui ne lui pardonnerait jamais de l'avoir trompé, quoiqu'au fait ce n'était pas mon frère que sir Descroix voulait abuser, mais son oncle et sa mère. Celle-ci me disait : « Vous connaissez l'humeur farouche du comte de la Marche ; mon fils est perdu s'il tombe dans ses mains Si je savais où il est ; si je pouvais le faire prévenir du malheur de Gaspard ! mais j'ignore le lieu qu'il habite : sans confiance pour sa mère, il la laisse en proie aux plus vives alarmes. » Elle me répétait sans cesse le même discours, et je me reprochais de ne pas diminuer ses inquiétudes, en lui disant que Courteille s'était chargé de donner de ma part à Gustave l'ordre de s'éloigner ; mais je craignais de trahir mes intérêts les plus chers, et je remis à quelque temps encore à lui faire une entière confidence.

» Arrivée à l'abbaye de Chelles, je fus reçue avec le plus profond respect par l'abbesse à la tête de sa communauté, et on me conduisit à l'Eglise, où on chanta un *Te Deum* en action de grâces de ce que l'on m'avait prise au piège ; de là on me conduisit dans les jardins, qui sont magnifiques. Pendant ce temps on meublait très-richement l'appartement que je devais occuper, et qui était celui de la reine de France lorsqu'elle habitait cette abbaye. La vue de ces jardins est ravissante ; on découvre une immense prairie arrosée par la Marne ; les montagnes des deux côtés sont couvertes de bois, et on aperçoit au travers des arbres les flèches des clochers de Saint-Thiébaut, de Lagny, de Pomponne, et beaucoup d'autres retraites saintes dans lesquelles de pieux cénobites prient pour détourner la colère de Dieu, que les désordres des villes, et surtout de la capitale, attireraient infailliblement sur la France sans leur puissante intercession. Tout, il faut en convenir, dans l'abbaye de Chelles, porte à la piété, au recueillement, et mon premier sentiment fut celui de la reconnaissance pour ceux qui, en disposant de ma liberté, m'avaient au moins choisi une aussi belle prison. Ah! je ne sentais pas encore qu'en vain on offrirait à la tendre Philomèle la cage la plus brillante, séparée de sa compagne, elle mourrait de douleur. Mais, enfin, je ne le cache pas, les premiers momens que je passai à Chelles furent doux, et l'abbesse put rendre à mes persécuteurs un compte satisfaisant de ma conduite, car je fus affable, caressante avec les religieuses. J'assistais aux offices avec piété : je priais pour Gustave!

On ne me parlait de rien qui pût m'affliger; je vivais comme à Souvigny; mon temps se partageait de même entre les différentes occupations qui se succédaient, et ne laissaient pas d'intervalle à l'ennui. L'abbesse employait toutes les recherches du cloître pour me plaire.

Chaque jour on m'apportait des bonbons, des fruits confits, et tous ces jolis riens que ces bonnes recluses font pour remplir l'inutilité habituelle de leur vie. »

CHAPITRE XV.

» Bertille n'avait pas perdu de vue son projet, et l'amour qui se glisse même au travers des grilles, tant il est alerte, lui procura l'occasion qu'elle cherchait. Elle descendait dans le jardin à l'heure de la récréation, et elle avait remarqué qu'une pensionnaire ne se mêlait point aux jeux folâtres de ses compagnes, et se promenait toujours seule dans une allée du jardin, tenant en ses mains un rosaire qu'elle paraissait réciter avec une grande dévotion ; mais Bertille l'examina avec soin, et elle remarqua que les grains du chapelet ne coulaient point entre ses jolis doigts, qu'elle levait souvent les yeux au ciel avec une expression qui lui parut assez mondaine; enfin Bertille s'imagina que ce doux susurrement qui s'échappait de ses lèvres ne s'adressait pas à la reine des anges, mais bien plutôt à quelque beau chevalier que la vivacité de son imagination lui rendait présent; que ses regards passionnés s'élevant au ciel, y cherchaient dans les formes fugitives des nuages l'image de son amant. Bertille ne se trompait pas, Eliacinthe aimait, était aimée, et le sort, presque toujours fatal aux amans, les avait séparés. Fatiguée des bruyans amusemens de ses compagnes, elle avait inventé de tenir un rosaire à la main pour avoir la faculté de s'entretenir de ses tendres pensées. Bertille apprit tout ce que je viens de dire dès la première conversation qu'elle eut avec Eliacinthe. Bertille répondit à sa confiance par une confidence vraie en partie; elle lui dit qu'elle aimait un chevalier qui avait encouru la disgrâce d'un grand prince, et qui l'avait forcé à s'éloigner, mais qu'il lui avait promis de lui donner de ses nouvelles si elle avait un moyen sûr de recevoir ses lettres. « Ah! dit Eliacinthe, je puis vous en donner un bien simple. » Et prenant Bertille par le bras, elle lui fit voir un conduit en fonte qui déchargeait les eaux d'un grand bassin au travers du mur, et allaient se perdre dans une prairie marécageuse. « J'ai, dit-elle, de petites boîtes de liége dans lesquelles j'enferme mes lettres; je les confie à cette eau, qui les porte en dehors. Saint-Elme sait l'heure et le jour où je lui écris, et il reçoit ma lettre. Il a grand soin d'en avoir une dans une pareille boîte, qu'il dirige sur l'eau, et la force, à l'aide d'un roseau, à remonter. Dès que je l'ai détaché du roseau, il se retire pour lire ma lettre, comme je m'enfonce dans un bosquet pour lire la sienne. — Et il n'a pas été vu ? — Non, ces murs ne donnent point sur un grand chemin; le hasard a fait découvrir à Saint-Elme cette ouverture, et il s'est imaginé de s'en servir pour notre correspondance, qui n'étant confiée à aucun étranger, ne pût jamais être trahie. Il a fallu plusieurs essais pour qu'il pût me faire connaître cet ingénieux moyen; mais enfin il y est parvenu, et voilà deux ans que nous jouissons du bien suprême de nous exprimer nos sentimens; ce qui nous fait supporter le temps qu'il nous faut attendre pour que l'âge de Saint-Elme lui permette de m'épouser en dépit de son tuteur. « Demain est le jour où je recevrai une lettre : voici une boîte de liége; écrivez à votre ami; apportez-moi la lettre, et je l'enverrai. Mais, à qui faudra-t-il qu'il la porte ? — Hélas ! bien loin d'ici, au château de Courteille en Bourbonnais, au sir de Courteille lui-même, qui saura bien à qui la remettre; mais dès que cette lettre sera arrivée, celui que j'aime (elle ne mentait pas) viendra dans les environs, et la correspondance deviendra plus facile. » Eliacinthe promit de rendre à Bertille tous les services qui seraient en son pouvoir. Cette bonne Bertille vint me rendre compte de ce qu'elle avait fait, et on ne doute pas combien ma reconnaissance fut grande.

« La correspondance s'établit ; Gustave devint l'ami de Saint-Elme, et ils logèrent ensemble dans la tour de Mongez, entre Chelles et Lagny.

Cette tour, qui avait été bâtie il y avait plusieurs siècles, était abandonnée quand Saint-Elme en hérita vers le même temps que les parens d'Eliacinthe, voyant que le tuteur de ce jeune homme ne donnait pas son consentement à son mariage avec leur fille, avaient mis celle-ci dans l'abbaye de Chelles, d'où elle ne devait sortir que pour épouser son amant; mais s'il manquait à sa parole, ils lui avaient déclaré qu'elle serait religieuse ; et en attendant ils lui avaient interdit le moindre rapport avec Saint-Elme. Il se retira à la tour de Mongez, s'y établit sans que les parens d'Eliacinthe le sussent, et de là il passait sa vie dans les bois et dans les prairies qui environnaient l'abbaye : la manière bizarre dont il était vêtu, et la vie sauvage qu'il menait, persuada aux paysans de ce canton que c'était un sorcier ; ils en avaient peur, et personne n'osait venir chez lui. Gustave ne pouvait donc avoir d'asile plus certain. On pense bien qu'il ne tarda pas à apprendre à Saint-Elme quel était le véritable objet de ses adorations, et que celui-ci, voyant que si son nouvel ami parvenait à m'épouser, il serait un grand seigneur, se dévoua entièrement à ses intérêts.

» Cependant, madame Descroix n'ayant aucune nouvelle de son fils, et n'en recevant pas du comte, qui semblait m'avoir entièrement oubliée, était dévorée de chagrin, et avec d'autant plus de raison que, mère plus ambitieuse que tendre, elle voyait tous ses projets anéantis. Ma sécurité lui paraissait une preuve que j'avais entièrement abandonné son fils, et que cet amour qu'elle avait pris tant de soin à faire naître et à augmenter par les chagrins de l'absence, avait fait si peu d'impression sur moi, que je ne paraissais pas m'en souvenir.

» Il n'est pas de passion plus cruelle que l'ambition ; elle dévore le cœur de ceux qui s'y livrent, et étant intellectuelle, elle ne s'affaiblit point comme les autres par le nombre des années, aussi mad. Descroix dépérissait à vue d'œil ; une fièvre lente la minait, et je craignais de la perdre, ce qui m'eût très-affligée, car je lui avais de grandes obligations, et d'ailleurs je savais que Gustave l'aimait tendrement. Je résolus donc de lui témoigner combien j'étais touchée de son état. Ah ! dit-elle, vous êtes, madame, dans l'âge le plus heureux de la vie ; à cet âge, les sensations l'emportent sur les sentimens, et un changement d'existence efface tous les souvenirs; mais au mien et avec le cœur d'une mère, comment pourrais-je ne pas mourir d'inquiétude ? quel silence effrayant! Le comte ne daigne pas m'instruire s'il a trouvé ou non mon Gustave; toute correspondance extérieure nous est interdite, et mon fils a peut-être été victime de la colère du comte.... et je vis.... ah! madame, Gustave n'est plus rien pour vous, mais il est mon fils, et je sens que je ne tarderai pas à le rejoindre au tombeau. — A quelle idée sinistre vous donnez entrée dans votre âme! ma chère Hermande, Gustave n'est point mort : s'il avait cessé d'être, si j'en avais seulement la crainte, me verriez-vous aussi calme? — Quoi! madame, vous sauriez?... ah! ayez pitié d'une mère; j'embrasse vos genoux, dites, sauriez-vous ?.... — Relevez-vous, ma chère Hermande, votre fils est vivant, et n'a rien à redouter de mon frère. — Qui vous l'a dit ? — Je le sais de la manière la plus certaine. Madame Descroix ne put résister à la joie que ces paroles lui causèrent; elle tomba évanouie dans mes bras: j'appelai Bertille pour m'aider à la secourir, car je craignais que devant toute autre elle ne parlât de son fils; nous coupâmes ses lacets, et nous la plaçâmes sur un lit de repos, où elle reprit ses sens.

» Avec quelle affection elle me serrait les mains et les couvrait de baisers. Ah! madame, me dit-elle quand elle put parler, est-il vrai qu'il vit? mais par quel miracle le savez-vous?.— Si je vous croyais capable, madame, de m'entendre sans me blâmer, et sans employer d'inutiles raisonnemens pour vous opposer à ce qu'il n'est plus en votre puissance ni en la mienne d'empêcher, je vous apprendrais des choses qui vous surprendraient, et qui vous prouveraient, ma chère Hermande, que je ne suis pas aussi légère que je vous l'ai paru. — Ah! madame, pardonnez à une mère son injustice; et achevez de me faire passer des angoisses de la mort à une félicité inexprimable. Je m'assis près du lit de repos sur lequel la faiblesse d'Hermande la retenait encore, et que je ne voulais pas qu'elle quittât; je fis placer Bertille sur un coussin, à mes pieds, et je racontai à Hermande, dans le plus grand détail, mes amours avec son fils; je le pouvais sans rougir puisque la vertu la plus pure régnait dans nos cœurs;

elle écouta ce récit avec la plus extrême attention, puis serrant mes mains dans les siennes : Ah! mon dieu, madame, que prétendez-vous faire? comment imaginer?... — Je n'imagine rien, je n'espère rien, mais j'aime Gustave et je l'aimerai jusqu'à mon dernier soupir. — Et si la reine voulait vous marier? — Je refuserais l'époux que l'on m'offrirait, fût-ce le dauphin. — Vous m'avez défendu, madame, de vous exposer tout le danger d'une pareille passion, qui ne peut jamais vous rendre heureuse. — Je le sais, mais les maux qu'elle peut me causer je les préfère aux biens les plus enviés des mortels. Au surplus, vous verrez par les lettres de votre fils que je vais vous confier, qu'il pense de même que moi. Bertille tira d'une petite cassette les lettres de Gustave, que je donnai à sa mère en lui faisant promettre de me les rendre. Ce furent les expressions brûlantes de son fils et celles que mon coeur lui exprimaient sans cesse, qui lui firent concevoir le plus hardi projet que l'on eût pu imaginer, et qu'il ne lui fut pas difficile de faire adopter à des amans passionnés. Ce projet s'est exécuté, mais pas de la manière que ma gouvernante l'avait conçu ; et son ambition n'étant pas satisfaite, elle nous abandonna au bord de l'abîme où elle nous avait lancés. J'ignore quel a été son sort depuis le moment où je me suis séparée d'elle, mais je ne doute point qu'elle n'ait eu de longs regrets de la précipitation avec laquelle elle nous a laissés donner tête baissée dans des périls dont rien n'a pu me faire sortir, et qui peut-être ont causé la perte de ce fils l'objet de tous ses désirs ambitieux. Je fus, depuis cet instant jusqu'à mon mariage avec Gustave, dans une situation si extraordinaire, que je n'ai gardé qu'un souvenir confus de ce qui précéda ce mémorable évènement. Cependant, je tâcherai, dans le silence de la nuit prochaine, de m'en rappeler les principales circonstances, que je vous raconterai demain. » Un instant après la porte s'ouvrit et Sostène se retira.

CHAPITRE XVI.

» Enfin, mon révérend père, me voici arrivée à l'événement le plus inattendu de ma vie. Qui aurait dit que Marie de Bourbon, celle qui compte tant de rois parmi ses ancêtres, épouserait un simple chevalier n'ayant aucune illustration, ni dans sa maison, ni par ses actions personnelles, et s'exposerait par ce mariage à toute la colère d'un prince, chef de sa famille, et appuyé de toute l'autorité d'une reine dont la méchanceté était connue de toute l'Europe ? Eh bien, voilà ce qu'ont fait deux passions tyranniques, l'ambition et l'amour. Pardonne, cher Gustave, époux adoré, si j'accuse ta mère. Ah! si je pouvais être certaine que les malheurs dont cet hymen fut cause n'eussent frappé que moi, je lui pardonnerais ; mais quand je pense que tu as souffert, que tu souffres encore des maux peut-être mille fois plus cruels que les miens, comment ne pas reprocher à celle qui devait nous préserver de tous dangers, de nous y avoir exposés ! Madame Descroix me demanda d'écrire à son fils; et je ne m'y opposai pas. Je ne pouvais imaginer qu'elle lui donnerait les conseils les plus imprudens; ce fut cependant ce qu'elle fit; mais je ne l'ai su que lorsqu'il n'était plus temps. Elle lui apprit que j'étais enfermée à Chelles pour le reste de mes jours, et que la moindre résistance à entrer en religion me serait imputée à crime, et qu'alors on me livrerait à la justice séculière comme ayant trempé dans l'assassinat prétendu du comte, dont il ac-

-cusait Gustave ; qu'il n'avait d'autre parti à prendre que de quitter la France, sans cela il périrait sur un échaffaud; que c'était où l'avait conduit la fatale passion dont elle avait fait tous ses efforts pour l'éloigner. Jeter de l'huile sur un brasier ardent n'a pas un effet plus terrible que celui que cette lettre produisit dans le cœur de Gustave. Il me vit exposée à toute la rage du comte, dont l'intérêt était de m'ôter la vie pour s'emparer des biens que mon aïeule m'avait donnés. Il se vit lui-même traîné à l'échafaud comme un vil assassin; et à cet instant, comme il me l'a dit depuis, il fut près de finir une vie qui lui semblait déstinée à des maux insupportables; mais, en même temps, comment renoncer à un sentiment qui était devenu l'âme de sa vie, et que toutes mes lettres l'assuraient être si tendrement partagé ? D'ailleurs Saint-Elme lui faisait apercevoir un avenir heureux s'il voulait avoir assez d'audace pour surmonter les premières difficultés ; qu'il ne s'agissait que de rendre légitime un amour si passionné ; qu'il n'y avait aucun doute qu'une fois mariés, il faudrait bien que l'on reconnût le mariage ; il se trompait : on sait que quand un prince ou une princesse du sang royal épouse soit un gentilhomme, soit une demoiselle, ce mariage est cassé par la seule volonté du roi. Alors, lui disait Saint-Elme, vous serez possesseur d'une grande partie du Bourbonnais, et vous vous défendrez à main armée contre le comte de la Marche, qui aura beaucoup moins de ressources que vous, parce qu'il est haï ; et je n'en puis douter, car lorsque j'ai été porter la première lettre de la princesse au château de Courteille, j'ai entendu, en traversant cette province, partout les expressions de la douleur sur le sort de Marie. Les habitans ne se consolaient pas de se voir privés de sa présence; ils accusaient le comte de tous leurs malheurs; et il paraît qu'il a bien fait de ne pas prolonger son séjour à Souvigny.

» Tous ces raisonnemens faisaient sur Gustave une grande impression, et il osa m'en faire part. Je me rappelle quelle fut ma réponse : Je vous aime, Gustave, je vous aime plus que moi-même, et j'ai pensé, avant que vous m'en eussiez parlé, à m'unir à vous par un lien légitime et sacré; mais lorsque je renonce pour vous à tous les préjugés de mon rang, ne croyez pas que je veuille faire couler le sang de mes vassaux et de ceux de mon frère, pour conserver des biens que je prise peu. Vous avez des terres en Béarn; ce royaume est absolument séparé de la France, eh bien, je m'y retirerai avec vous. Je sais que votre mère a eu la précaution de se faire donner par mon intendant une grosse somme en or, que nous emporterons, voilà tout ce que je puis accepter; être madame Descroix, rien autre chose; oublier au sein de la nature les tristes conventions de la société, voilà tout ce que je désire. Je fis voir ma lettre à Bertille, qui pensa comme moi qu'il serait affreux d'appeler la guerre civile dans les provinces soumises à ma domination et à celle de mon frère. Gustave me répondit que jamais il ne pourrait accepter un si grand sacrifice, et qu'il mourrait plutôt que de me priver du rang où ma naissance m'avait placée. J'en parlai à mad. Descroix, qui me dit que je devais garder mes grands biens. Je vis qu'elle avait envie que son fils fût un grand seigneur, et je pense que c'était la seule raison qui la portait à m'engager à ne pas renoncer à mes droits. Bertille, toute à son amour, comprenait au contraire que je me trouverais plus heureuse inconnue dans les montagnes des Pyrénées avec Gustave, que sur le trône de France. Cependant elle avait plus d'un sujet de douleur, et comme si l'amour n'eût pas suffi pour la tourmenter, elle me sembla jalouse de l'aimable Eliacinthe ; je lui en fis quelques plaisanteries ; elle m'assura qu'elle ne pouvait être jalouse de personne; que toutes les preuves de bonté que je lui avais données étaient tellement gravées dans son cœur, que jamais elle n'imaginerait qu'aucune autre femme pourrait lui ravir sa place. Elle me disait aussi quelquefois que je devais bien réfléchir au parti que je voulais prendre, qui serait peut-être suivi de longs regrets. Je l'assurai que je n'étais pas encore prête à me décider, et en effet je restai plusieurs mois sans former aucun dessein, me contentant du plaisir de recevoir des lettres de Gustave et de lui écrire ; mais ces jours de paix ne devaient pas durer.

» Un jour, l'abbesse vint chez moi et me dit qu'elle avait reçu une lettre de la reine, qui l'affligeait. — Et que peut-elle vous mander ? — Je n'ai pas la force de vous le dire, madame, mais voici la lettre, prenez-en connaissance, et dites-moi ce que je dois répondre. Je la lus, non sans un désespoir mortel ; mais prenant sur moi de ne pas faire paraître la douleur que j'éprouvais, je rendis cette lettre à la religieuse, en lui disant que je la priais d'assurer la reine de mon profond respect et de ma soumission à ses ordres ; mais que devant avoir quinze ans dans un mois, je demandais de n'entrer au noviciat qu'après le jour de ma naissance. L'abbesse, étonnée de ma soumission, à laquelle elle ne s'était pas attendue, m'assura que ma demande était trop juste pour qu'elle eût besoin d'en parler à la reine, et qu'il lui suffisait d'écrire que je me soumettais avec respect à sa volonté. Elle me quitta pour renvoyer le courrier qui avait apporté cette fatale lettre.

» Dès qu'elle fut sortie de chez moi, ne pouvant plus résister à l'effet terrible que la contrainte m'avait causé, je me sentis prête à m'évanouir; je sonnai, on vint; mais j'étais déjà sans connaissance. Bertille et madame Descroix éloignèrent celles dont l'indiscrétion pouvait être à craindre, et lorsque j'ouvris les yeux, je me trouvai seule avec les confidentes de mon fatal amour; des larmes abondantes, qui s'échappèrent de mes yeux, me soulagèrent beaucoup; mes amies parurent très-affligées de ma position. Qui peut, me dit mad. Descroix, vous causer une si vive douleur? Alors je leur racontai ce que l'abbesse m'avait dit et ce que contenait la lettre de la reine, qui était un ordre d'entrer au noviciat, de prononcer mes vœux six semaines après;

comme les dispenses du pape le permettaient, et qu'aussitôt je serais nommée co-adjutrice de l'abbesse de Chelles. Je crois bien que cet ordre barbare était suivi de ces phrases qui coûtent si peu aux princes et qui veulent dire si rarement ce qu'elles expriment ; je ne me suis pas donné la peine de lire le reste. — Et qu'avez-vous répondu, madame ? — Que j'obéirais, et que je demandais seulement d'avoir quinze ans révolus avant d'entrer au noviciat. L'abbesse, étonnée de ma soumission, m'a accordé sur-le-champ ma demande. — Ainsi donc, vous cédez à vos ennemis et nous vous perdons. — Hermande, vous me connaissez, et vous pouvez avoir cette idée ! vous pouvez croire que je promette à Dieu un cœur qui appartient à Gustave ! le délai que j'ai demandé me suffit; dans un mois je ne serai plus ici; j'espère, mes amies, que vous me suivrez et que vous assisterez à mon mariage avec Gustave. — Vous parlez, madame, de sortir d'ici comme si vous pouviez donner l'ordre d'ouvrir les portes. — Je sais toutes les difficultés qui m'attendent, même les périls; mais comme il n'en est aucun d'aussi terrible pour moi que de prononcer des vœux sacrilèges, rien ne peut plus m'arrêter; je vais écrire à Gustave de tout préparer pour notre fuite : il serait essentiel de lui envoyer d'avance l'argent que vous avez ici, et de n'en garder que ce qui pourrait être nécessaire pour acheter la discrétion de ceux qui pourraient surprendre notre secret. Madame Descroix dit qu'elle était prête à me remettre la somme qui lui avait été confiée. Je vis cependant en elle beaucoup d'hésitation; je prévis, dès cet instant, qu'elle n'oserait peut-être pas me suivre, et j'en fus sensiblement affligée. J'écrivis toute la nuit à Gustave, et je portai mes dépêches à Eliacinthe; je lui appris que le sort en était jeté et que j'allais quitter l'abbaye où mes tyrans voulaient que je prononçasse des vœux. Eliacinthe parut très-touchée de ma résolution, et versa quelques larmes. Il me vint aussitôt à l'idée de lui proposer de l'emmener avec moi; elle se jeta à mes genoux, me dit qu'elle ne savait comment me témoigner sa reconnaissance; je la relevai, l'embrassai, et lui dis qu'il fallait qu'elle écrivît à Saint-Elme pour lui faire part de la proposition que je lui faisais; elle m'assura qu'il en serait au comble de la jôie ; car il la pressait depuis long-temps de s'unir à lui par un légitime mariage ; il était sûr de trouver le moyen de la faire sortir, et qu'il y avait un ermite dans la forêt qui les marierait. Je n'ai jamais voulu, continua Eliacinthe, parce qu'il me semblait que n'ayant personne de mon sexe avec moi, je ne pourrais me résoudre à me trouver seule avec lui avant que d'avoir reçu la bénédiction nuptiale. J'approuvai sa délicatesse, et je lui dis en souriant : Madame Descroix nous servira de mère à l'une et à l'autre.

» Elle n'avait plus le dessein de nous suivre, car elle avait écrit à son fils une lettre, que par la suite elle me fit voir; les expressions m'en ont tellement frappée que je n'ai pu les oublier. « Mon fils, lui disait-elle, enfin, je suis arrivée au but que je me proposais depuis si long-temps, la fille des rois, la princesse souveraine de la plus belle partie du Bourbonnais va se donner à vous; ses tyrans l'ont enfin poussée à une démarche aussi hasardée; mais ne la faites pas, mon fils, sans de grandes protections. Mandez à Courteille de rassembler les amis de la princesse; que le rendez-vous soit dans le château de Sigebert; de là vous viendrez faire le siège de Souvigny. Enfin, mon fils, montrez-vous digne en tout de votre haute fortune, dont je partagerai la gloire. »

» Gustave, qui craignait de me faire penser que c'était l'ambition qui l'attachait à moi, répondit à sa mère qu'il ne pouvait avoir d'autre volonté que les miennes; ce qui lui fit prendre la résolution de ne point partager mes périls.

» Je ne puis exprimer la joie de nos amis quand ils apprirent notre résolution; ils ne s'occupèrent plus que de l'exécuter avant le terme fatal. Madame Descroix me remit l'or qui m'appartenait; j'en gardai le tiers, parce que j'étais très-persuadée qu'elle resterait à l'abbaye, et je ne voulais pas qu'elle fût sans argent; les deux autres tiers nous les portâmes toutes quatre au canal; nos amis, qui étaient prévenus, passaient une barre de fer avec un crochet, qu'ils introduisaient dans le tuyau dont j'ai parlé : nous y accrochions un sac de cuir plein de carolus. Au bout de quatre jours toute la somme que je voulais emporter était passée dans les mains de Gustave, et il fut convenu qu'ils en enterreraient la moitié dans la tour de Mongez pour ne pas nous exposer si nous venions à perdre l'autre, à nous trouver sans ressources. Ensuite il fut convenu que Saint-Elme et Gustave feraient, en dehors, une ouverture au mur par où l'eau s'échappait du canal, qu'ils n'enlèveraient les pierres qui paraissaient en dedans qu'au moment où nous serions prêtes à nous échapper, que ce serait le soir après complies, temps où tout le monde est réuni dans les cloîtres, et que nous serions en sûreté dans la tour avant que l'on ne s'aperçût de notre évasion. Nous approuvâmes tout ce que nos amis avaient projeté, et ne faisant aucune réflexion, ne voyant que le bonheur de celui que j'adorais, et qui ne cessait de me dire qu'il mourait loin de moi, je me déterminai, sans le moindre regret, à perdre une principauté souveraine et d'immenses richesses pour être simple châtelaine; mais près de Gustave pouvais-je rien regretter ? Comme le jour était fixé et qu'Eliacinthe l'attendait avec la même impatience que moi, mad. Descroix me fit entrer dans la tourelle et me parla ainsi : Madame, j'ai eu l'honneur d'être nommée par la reine votre gouvernante; je suis encore en cette qualité auprès de vous : j'ai réfléchi que si je partais avec vous, ce serait un crime de lèze-majesté au second chef, qui entraîne la mort. Puisque vous voulez partir, partez avec Bertille et Eliacinthe; je resterai ici, et je paraîtrai aussi étonnée que les autres de votre disparition. Je la pressai de changer de résolution, mais ce fut inutilement. Son fils lui écrivit; elle persista dans son projet; alors je lui remis l'argent que j'avais gardé; elle ne le voulait pas, mais je l'exigeai. Cette séparation m'affligeait beaucoup; j'avais pris l'habitude de regarder Hermande comme ma mère, ne la plus voir détruisait une partie de ma félicité; mais elle me supplia de ne pas exiger une chose qui lui paraissait trop dangereuse.

» Je crus que la crainte de l'échafaud la déterminait à rester; mais j'ai pensé depuis qu'elle n'approuvait point ce départ, qui détruisait toutes ses espérances; qu'elle aurait bien permis à son fils de m'enlever, mais non pour aller vivre obscurément dans le Béarn; elle voulait organiser la guerre civile et nous faire un parti qui en eût imposé au comte, alors elle serait venue avec moi : elle fut si inébranlable dans sa résolution, qu'il fallut me déterminer à la laisser dans l'abbaye.

» Et vous, Bertille, dis-je à mon amie, me quittez-vous aussi ? — Jamais. Hélas ! elle ne prévoyait pas que des circonstances imprévues.... mais suivons. Quelle journée que celle qui précéda notre départ ! je ne pouvais voir celle qui allait être réellement ma mère, sans le plus profond attendrissement ; elle pleurait aussi, mais elle disait toujours : Je ne puis surmonter l'effroi que me cause une sentence de mort. — Vous croyez donc que nous serons arrêtés ? — J'en suis persuadée : si vous aviez eu avec vous un parti, au moins on se défend. — Non, jamais, je l'ai dit, je n'achèterai mon bonheur avec le sang de mes semblables. Nous fûmes l'une et l'autre inébranlables dans notre résolution ; je vis, avec un extrême regret, que je ne pourrais la ramener à la mienne :

l'ayant priée d'entrer dans l'oratoire qui tenait à mon appartement, je la fis asseoir, et me jetant à ses genoux, je lui présentai une couronne virginale que Bertille m'avait tressée : Ma mère, lui dis-je, attachez sur ma tête ce signe de la pureté de mon âme, et bénissez votre fille, celle qui va être l'épouse de votre fils. — Ah ! dit-elle en attachant la couronne sur mon front, comment oser bénir la fille de mes rois, que j'ai eu l'imprudence !... Elle ne put en dire davantage : Ma mère, bénissez-moi, je vous en conjure. — Vous le voulez ? ah ! puisse le ciel vous combler de ses plus précieuses faveurs, et vous replacer, avec mon fils, dans le rang que vous quittez pour lui ! — Ma mère, ce n'est pas là ce que je demande au ciel. Elle m'embrassa ; je restai dans ses bras plusieurs minutes; je la suppliai encore de partir avec moi, mais toujours sans succès.

» La cloche de complies vint à sonner; c'était le signal du départ. Hermande me dit : Adieu, madame, on vous attend. Je la pressai encore contre mon cœur, et je sortis; je ne l'ai pas revue depuis, et j'ignore quel a été son sort. Comment a-t-elle pu supporter?... mais ces souvenirs me déchirent encore; il me faut en suspendre le récit. » Après avoir engagé la princesse à modérer ses regrets, Sostène suivit Tergaste

FIN DU TOME PREMIER.

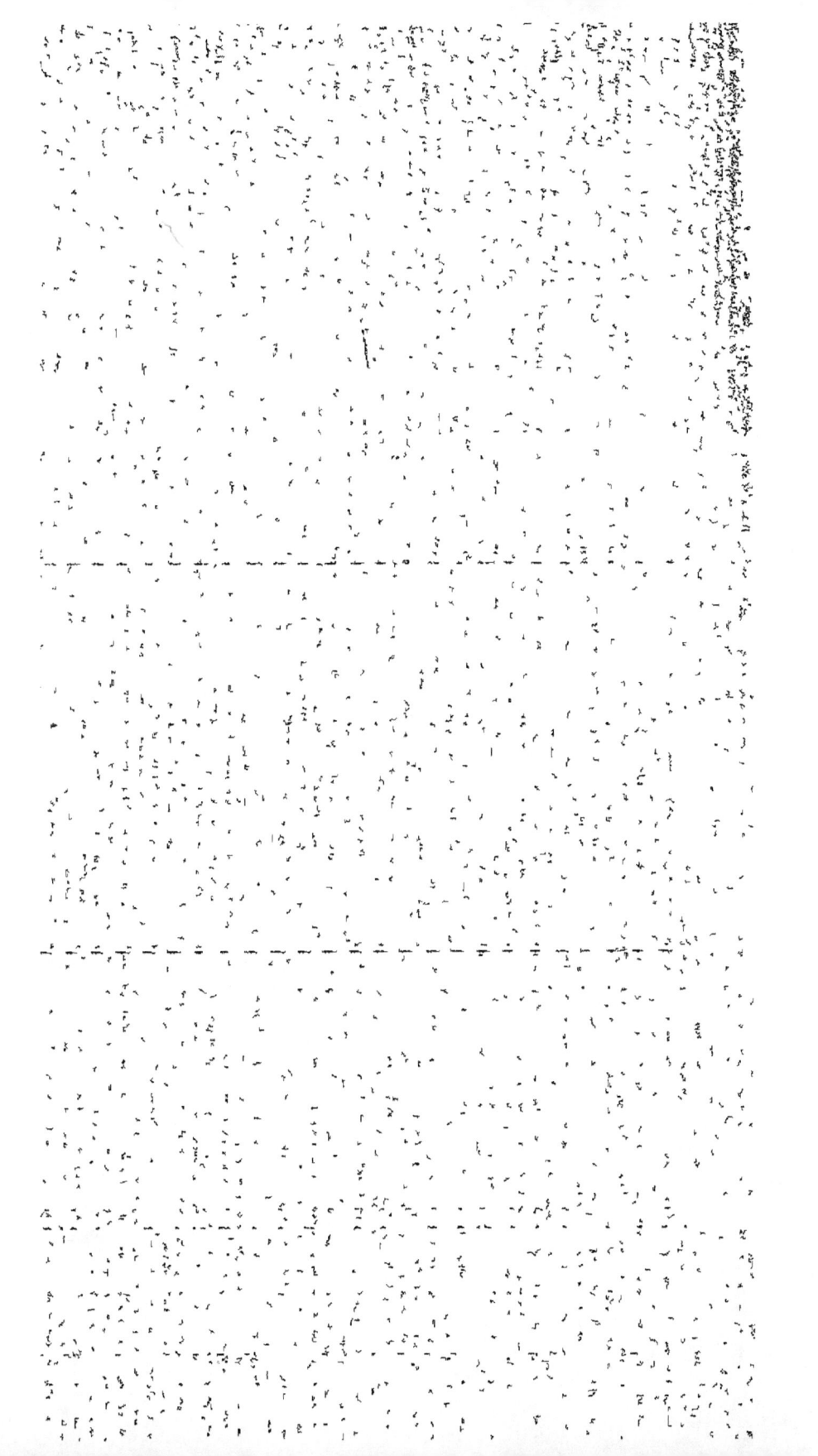

www.ingramcontent.com/pod-product-compliance
Lightning Source LLC
Chambersburg PA
CBHW071900160426
43198CB00011B/1177